詩卷之十三

朱熹集傳

北山之什二之六

陟彼北山。言采其杞。偕偕士子。朝（叶奬里反）夕從事。（叶上止反）王事靡盬。憂我父母。（叶滿彼反）

賦也。偕偕。强壯貌。士子。詩人自謂也。○大夫行役而作此詩。自言陟北山而采杞以食者。皆强壯之人。而朝夕從事者也。蓋以王事不可以不勤。是以貽我父母之憂耳。

○溥（音普）天之下。（叶後五反）莫非王土。率土之濱。莫非王臣。大夫不均。我從事獨賢。（叶下珍反）

賦也。溥。大。率。循。濱。涯也。○言土之廣。臣之衆。而王不均平。使我從事獨勞也。不斥王而曰大夫。不言獨勞而曰獨賢。詩人之忠厚如此。

○四牡彭彭。（叶鋪郎反）王事傍傍。（布彭反。叶布光反）嘉我未老。鮮（息淺反）我方將。旅力方剛。經營四方。

賦也。彭彭然不得息也。傍傍然不得已也。嘉。善。鮮。少也。以爲少而難得也。將。壯也。旅。與膂

同。言王之所以使我者，善我之未老而方壯，旅力可以經營四方耳。猶上章之言獨賢也。

○或燕燕居息，或盡瘁事國（叶越逼反）。或息偃在牀，或不已于行（叶戶郎反）。

賦也。燕燕，安息貌。瘁，病。已，止也。○言役使之不均也。下章放此。

○或不知叫號（戶刀反），或慘慘（七感反）劬勞。或棲（音西）遲偃仰（叶魚兩反），或王事鞅（於兩反）掌。

賦也。不知叫號，深居安逸，不聞人聲也。鞅掌，失容也。言事煩勞，不暇為儀容也。

○或湛（都南反）樂飲酒，或慘慘畏咎（叶巨九反）。或出入風（音諷）議（叶魚羈反），或靡事不為。

賦也。咎，猶罪過也。出入風議，言親信而從容也。

北山六章，三章章六句，三章章四句。

無將大車，祇（音支）自塵兮。無思百憂，祇自疧（劉氏曰：當作疷，與痻同，眉貧反）兮。

興也。將，扶進也。大車，平地任載之車，駕牛者也。祇，適。疧，病也。○此亦行役勞苦而憂思者

之作。言將大車則塵污之。思百憂。則病及之也

○無將大車。維塵冥冥。[叶莫迥反]無思百憂。不出于熲[古迥反]

興也。冥冥昏晦也。熲與耿同。小明也。在憂中耿耿然不能出也

○無將大車。維塵雝[於勇於容二反]兮。無思百憂。祇自重[直勇直龍二反]兮

興也。雝猶蔽也。重猶累也

無將大車三章章四句

明明上天。照臨下土。我征徂西。至于艽[音求]野。[叶上與反]二月初吉。載離寒暑。心之憂矣。其毒大[音泰]苦。念彼共[音恭下章並同]人。涕零如雨。豈不懷歸。畏此罪罟[音古]

賦也。征行。徂往也。艽野地名。蓋遠荒之地也。二月亦以夏正數之。建卯月也。初吉朔日也。毒言心中如有藥毒也。共人。僚友之處者也。懷思。罟網也。○大夫以二月西征。至于歲暮而未得歸。故呼天而訴之。復念其僚友之處者。且自言其畏罪而不敢歸也

○昔我往矣。日月方除[直慮反]。曷云其還

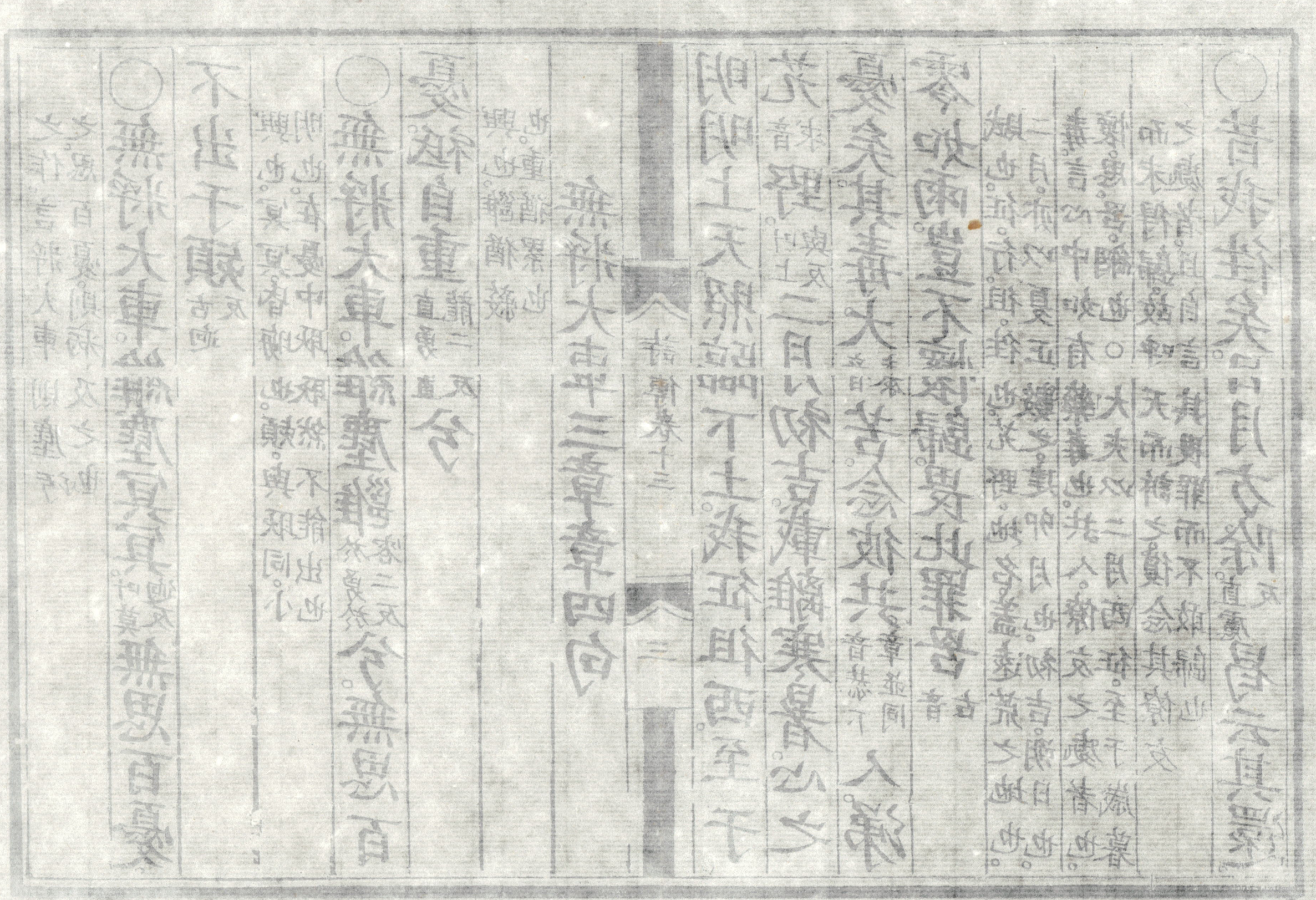

歲聿云莫。(音慕)念我獨兮。我事孔庶。心之憂矣。憚(丁佐反)我不暇。(叶胡故反)念彼共人。睠睠(音眷)懷顧。豈不懷歸。畏此譴怒。

賦也。除。除舊生新也。謂二月初吉也。庶。衆。憚。勞也。睠睠。勤厚之意。譴怒。罪責也。○言昔以是時往。今未知何時可還。而歲已莫矣。蓋身獨而事衆。是以勤勞而不暇也。

音釋 還。旬宣反

○昔我往矣。日月方奧。(於六反)曷云其還。政事愈蹙。(子六反)歲聿云莫。采蕭穫菽。心

之憂矣。自詒伊戚。(叶子六反)念彼共人。興言出宿。豈不懷歸。畏此反覆。(芳福反)

賦也。奧。暖。蹙。急。詒。遺。戚。憂。興。起也。反覆。傾側無常之意也。○言以政事愈急。是以至此歲暮而猶不得歸。又自咎其不能見幾遠去。而自遺此憂。至於不能安寢而出宿於外也

音釋 遺。唯季反。幾。平聲

○嗟爾君子。無恒安處。(上聲)靖共爾位。正直是與。神之聽之。式穀以女。(音汝)

賦也。君子。亦指其僚友也。恒。常也。靖。與靜同。與。猶助也。穀。祿也。以。猶與也。○上章旣自傷

悼。此章又戒其僚友曰。嗟爾君子。無以安處爲常。言當有勞時。勿懷安也。當靖共爾位。惟正直之人是助。則神之聽之。而以穀祿與女矣

○嗟爾君子。無恒安息。靖共爾位。好（呼報反）是正直。神之聽之。介爾景福。（叶筆力反）

賦也。息。猶處也。好是正直。愛此正直之人也。介。景。皆大也

小明五章。三章章十二句。二章章六句

鼓鍾將將。（七羊反）淮水湯湯。（音傷）憂心且傷。淑人君子。懷允不忘

賦也。將將。聲也。淮水出信陽軍桐栢山。至楚州連水軍入海。湯湯。沸騰之貌。淑。善。懷。思。允。信也。○此詩之義未詳。王氏曰。幽王鼓鐘淮水之上。爲流連之樂。久而忘反。聞者憂傷。而思古之君子不能忘也

○鼓鍾喈喈。（音皆。叶居奚反）淮水湝湝。（戶皆反。叶賢雞反）憂心且悲。淑人君子。其德不回。（叶乎爲反）

賦也。喈喈。猶將將。湝湝。猶湯湯。悲。猶傷也。回。邪也

○鼓鍾伐鼛。（古毛反。叶居尤反）淮有三洲。憂心且

妯(敕留反)。淑人君子。其德不猶。

賦也。鼛大鼓也。周禮作皐。云皐鼓尋有四尺。三洲。淮上地。蘇氏曰。始言湯湯。水盛也。中言湝湝。水流也。終言三洲。水落而洲見也。言幽王之久於淮上也。妯動。猶若也。言不若今王之荒亂也。

○鼓鐘欽欽。鼓瑟鼓琴。笙磬同音。以雅以南(叶尼心反)。以籥(以灼反)不僭(子念反叶七心反)。

賦也。欽欽亦聲也。磬樂器。以石爲之。琴瑟在堂。笙磬在下。同音。言其和也。雅。二雅也。南。二南也。籥。籥舞也。僭。亂也。言三者皆不僭也。○蘇氏曰。言幽王之不德。豈其樂非古歟。樂則是而人則非也。

鼓鐘四章。章五句。

此詩之義有不可知者。今姑釋其訓詁名物。而略以王氏蘇氏之說解之。未敢信其必然也。

楚楚者茨。言抽(敕留反)其棘。自昔何爲。我蓺(魚世反)我黍稷。我黍與與(音餘)。我稷翼翼。我倉既盈。我庾維億。以爲酒食。以饗。以祀(叶逸織反)。以妥(湯果反)以侑(音又叶夷益反)。以介景福(叶筆力反)。

妯[illegible]淑人君子其德不猶

賦也鼛大鼓也周禮作皋云皋鼓尋有四尺三洲淮上地蘇氏曰始言湯湯水盛也中言湝湝水流也終言三洲水落而洲見也言幽王之久於淮上也妯動也猶若也言不若今王之荒亂也

○鼓鍾欽欽鼓瑟鼓琴笙磬同音以雅以南[illegible]以籥[illegible]不僭[illegible]

賦也欽欽亦象聲也琴瑟在堂笙磬在下同音言其和也雅二雅也南二南也籥籥舞也僭亂也言三者皆不僭也蘇氏曰言幽王之不德豈其樂非古歟樂則是而人則非也

鼓鍾四章章五句

此詩之義有不可知者今姑釋其訓詁名物而略以王氏蘇氏之說解其意蓋未敢信其必然也

楚楚者茨[illegible]言抽其棘[illegible]自昔何為我蓺[illegible]黍稷我黍與與[illegible]我稷翼翼我倉既盈我庾維億[illegible]以為酒食以享以祀[illegible]以妥以侑[illegible]以介景福[illegible]

賦也。楚楚。盛密貌。茨。蒺藜也。抽。除也。我。爲有田祿而奉祭祀者之自稱也。與與。翼翼。皆蕃盛貌。露積曰庾。十萬曰億。饗。獻也。妥。安坐也。禮曰。詔妥尸。蓋祭祀筮族人之子爲尸。旣奠。迎之使處神坐。而拜以安之也。侑。勸也。恐尸或未飽。祝侑之曰。皇尸未實也。介。大也。景。亦大也。○此詩述公卿有田祿者力於農事以奉其宗廟之祭。故言蒺藜之地。有抽除其棘者。古人何乃爲此事乎。蓋將使我於此蓺黍稷也。故我之黍稷旣盛。倉庾旣實。則爲酒食以饗祀妥侑。而介大福也。

○濟濟（子禮反）蹌蹌（七羊反）。絜爾牛羊。以往烝嘗。或剝或亨（普庚反叶鋪郎反）。或肆或將。祝祭于

祊（補彭反叶補光反）。祀事孔明（叶謨郎反）。先祖是皇。神保是饗（叶虛良反）。孝孫有慶（叶祛羊反）。報以介福。萬壽無疆。

賦也。濟濟蹌蹌。言有容也。冬祭曰烝。秋祭曰嘗。剝。解剝其皮也。亨。煑熟之也。肆。陳之也。將。奉持而進之也。祊。廟門內也。孝子不知神之所在。故使祝博求之於門內待賓客之處也。孔。甚也。明。猶備也。著也。皇。大也。君也。保。安也。神保。蓋尸之嘉號。楚詞所謂靈保。亦以巫降神之稱也。孝孫。主祭之人也。慶。猶福也。

○執爨（七亂反）踖踖（七亦反叶七畧反）。爲俎孔碩（叶常約反）。或

[illegible]

濟濟蹌蹌，絜爾牛羊，以往烝嘗，或剝或亨，或肆或將，祝祭于祊，祀事孔明，先祖是皇，神保是饗，孝孫有慶，報以介福，萬壽無疆。

[illegible]

執爨踖踖，為俎孔碩，或燔或炙。

燔[音煩]或炙[之赦反叶陟畧反]。君婦莫莫[音麥叶末各反]。爲豆孔庶[叶陟畧反]。爲賓爲客[叶克各反]。獻酬[市由反]交錯。禮儀卒度[叶徒洛反]。笑語卒獲[叶黄郭反]。神保是格[叶剛鶴反]。報以介福。萬壽攸酢。

賦也。爨竈也。踖踖敬也。俎所以載牲體也。碩大也。燔燒肉也。炙炙肝也。皆所以從獻也。特牲主人獻尸賓長以肝從。主婦獻尸兄弟以燔從是也。君婦主婦也。莫莫清靜而敬至也。豆所以盛肉羞庶羞。主婦薦之也。庶多也。賓客筮而戒之使助祭者。既獻尸而遂與之相獻酬也。主人酌賓曰獻。賓飲主人曰酢。主人又自飲而復飲賓曰酬。賓受之奠於席前而不舉。至旅而後少長相勸而交錯以徧也。卒盡也。度法度也。獲得其宜也。格來。酢報也。

音釋 從。才用反。有司徹云。宰夫羞房中之羞。司士羞庶羞。注。房中之羞。其籩則糗餌粉餈。其豆則酏食糝食。庶羞羊臐豕膮。皆有胾醢。房中之羞。內羞也。酏。以支反。食音寺。臐音熏。膮。虛驕反。盛。平聲。賓飲復飲之飲。去聲。復。扶又反。少。失照反。長。陟丈反。

○我孔熯[而善反]矣。式禮莫愆[叶起巾反]。工祝致告。徂賚孝孫[叶須倫反]。苾[蒲必反]芬孝祀[叶逸織反]。神嗜飲食。卜爾百福[叶筆力反]。如幾[音機]如式。既齊既稷。既匡既勑。永錫爾極。時萬時億。

燔〔[illegible]〕或炙〔[illegible]〕。君婦莫莫〔[illegible]〕。為豆孔庶〔[illegible]〕。為賓為客〔[illegible]〕。獻酬交錯。禮儀卒度〔[illegible]〕。笑語卒獲〔[illegible]〕。神保是格〔[illegible]〕。報以介福。萬壽攸酢〔[illegible]〕。

[illegible]

[illegible]

○我孔熯矣〔[illegible]〕。式禮莫愆〔[illegible]〕。工祝致告。徂賚孝孫〔[illegible]〕。苾芬孝祀。神嗜飲食。卜爾百福〔[illegible]〕。如幾如式〔[illegible]〕。既齊既稷。既匡既敕〔[illegible]〕。永錫爾極。時萬時億〔[illegible]〕。

賦也熯竭也善其事曰工苾芬香也卜予也幾期也春秋傳曰易幾而哭是也式法齊整稷疾匡正勑戒極至也○禮行既久筋力竭矣而式禮莫愆敬之至也於是祝致神意以嘏主人曰爾飲食芳潔故報爾以福祿使其來如幾其多如法爾禮容莊敬故報爾以衆善之極使爾無一事而不得乎此各隨其事而報之以其類也少牢嘏詞曰皇尸命工祝承致多福無疆于女孝孫來女孝孫使女受祿于天宜稼于田眉壽萬年勿替引之此大夫之禮也

【音釋】春秋叔孫成子逆昭公之喪於乾侯子家子不見叔孫易幾而哭註幾哭會也不見叔孫故朝夕哭不同會少牢嘏詞儀禮註嘏大也予主人以大福也工官也承猶傳也來讀曰釐賜也

○禮儀既備（叶蒲北反）鍾鼓既戒（叶訖力反）孝孫徂位（叶力入反）工祝致告（叶古得反）神具醉止皇尸載起鼓鍾送尸神保聿歸諸宰君婦廢徹（直列反）不遲諸父兄弟備言燕私（叶息夷反）

賦也戒告也徂位祭事既畢主人往阼階下西面之位也致告祝傳尸意告利成於主人言孝子之利養成畢也於是神醉而尸起送尸而神歸矣曰皇尸者尊稱之也鼓鍾者尸出入奏肆夏也鬼神無形言其醉而歸者誠敬之至如見之也諸宰家宰非一人之稱也廢去也不遲以疾為敬亦不留神惠之意也祭畢既歸賓客之俎同姓則留與之燕以盡

私恩所以尊賓客親骨肉也

○樂具入奏(上音族)以綏後祿爾殽既將莫怨具慶(叶祛羊反)既醉既飽(叶補苟反)小大稽首神嗜飲食使君壽考(叶去九反)孔惠孔時維其盡(叶子忍反)之子子孫孫勿替(天帝反)引之

賦也凡廟之制前廟以奉神後寢以藏衣冠祭於廟而燕於寢故於此將燕而祭時之樂皆入奏於寢也且於祭既受祿矣故以燕爲將受後祿而綏之也爾殽既進與燕之人無有怨者而皆歡慶醉飽稽首而言曰向者之祭神既嗜君之飲食矣是以使君壽考也又言君之祭祀甚順甚時無所不盡子子孫孫當不廢而引長之也

楚茨六章章十二句

呂氏曰楚茨極言祭祀所以事神受福之節致詳致備所以推明先王致力於民者盡則致力於神者詳觀其威儀之盛物品之豐所以交神明逮羣下至於受福無疆者非德盛政修何以致之

信彼南山維禹甸(田見反叶徒鄰反)之畇畇(音勻)原隰曾孫田(叶地因反)之我疆我理南東其畝

賦也南山終南山也甸治也畇畇墾辟貌曾孫主祭者之稱曾重也自曾祖以至無窮皆

得稱之也。疆者，爲之大界也。理者，定其溝塗也。畝，壟也。長樂劉氏曰：其遂東入于溝，則其畝南矣。其遂南入于溝，則其畝東矣。○此詩大指與楚茨畧同，此即其篇首四句之意也。言信乎此南山者，本禹之所治，故其原隰墾闢，而我得田之。於是爲之疆理，而順其地勢水勢之所宜，或南其畝，或東其畝也。

○上天同雲，雨于付反雪雰雰敷云反，益之以霢亡革反霂音木，既優既渥叶烏谷反，既霑既足，生我百穀。

賦也。同雲，雲一色也。將雪之候如此。雰雰，雪貌。霢霂，小雨貌。優渥霑足，皆饒洽之意也。冬有積雪，春而益之以小雨潤澤，則饒洽矣。

○疆埸音亦翼翼，黍稷彧彧於六反，叶于逼反，曾孫之穡，以爲酒食，畀必寐反我尸賓，壽考萬年叶泥因反。

賦也。埸，畔也。翼翼，整飭貌。彧彧，茂盛貌。畀，與也。○言其田整飭，而穀茂盛者，皆曾孫之穡也。於是以爲酒食，而獻之於尸及賓客也。陰陽和，萬物遂，而人心歡悅，以奉宗廟，則神降之福，故壽考萬年也。

○中田有廬，疆埸有瓜叶攻乎反，是剝是菹

○六五厥孚交如威如吉

[illegible]

象曰大有上吉自天祐也

[illegible]

側居反獻之皇祖。曾孫壽考。叶孔五反受天之祜侯古反

賦也。中田。田中也。菹。酢菜也。祜。福也。○一井之田。其中百畝爲公田。內以二十畝分八家爲廬舍以便田事。於畔上種瓜以盡地利。瓜成。剝削淹漬以爲菹而獻皇祖。貴四時之異物順孝子之心也。音釋 酢。即今醋字。七故反

○祭以清酒。從以騂息營反牡。享于祖考叶去久反執其鸞刀。以啓其毛。取其血膋音聊叶音勞

賦也。清酒。清潔之酒。鬱鬯之屬也。騂。赤色。周所尚也。祭禮先以鬱鬯灌地求神於陰。然後迎牲。執者。主人親執也。鸞刀。刀有鈴也。膋。脂膏也。啓其毛以告純也。取其血以告殺也。取其膋以升臭也。合之黍稷。實之於蕭而燔之。以求神於陽也。記曰。周人尚臭。灌用鬯臭。鬱合鬯。臭陰達於淵泉。灌以圭璋。用玉氣也。旣灌。然後迎牲。致陰氣也。蕭合黍稷。臭陽達於牆屋。故旣奠。然後焫蕭合羶薌。凡祭愼諸此。魂氣歸于天。形魄歸于地。故祭求諸陰陽之義也。音釋 焫。如悅反。羶。音馨。薌。音鄉

○是孫是享。叶虛良反苾苾芬芬。祀事孔明叶謨郎反先祖是皇。報以介福。萬壽無疆[illegible]

○ [illegible]

[illegible]

[illegible]

○ [illegible]

[illegible]

[illegible]

賦也。烝。進也。或曰冬祭名

信南山六章章六句。

倬（陟角反）彼甫田。（叶地因反）歲取十千。（叶倉新反）我取其陳。食（音嗣）我農人。自古有年。（叶泥因反）今適南畝。（叶滿彼反）或耘或耔。（音子。叶奬里反）黍稷薿薿。（魚起反）攸介攸止。烝我髦（音毛）士。（叶鉏里反）

賦也。倬。明貌。甫。大也。十千。謂一成之田。地方十里。為田九萬畝。而以其萬畝為公田。蓋九一之法也。我。食祿主祭之人也。陳。舊粟也。農人。私百畝而養公田者也。有年。豐年也。適。往也。耘。除草也。耔。雝本也。蓋后稷為田。一畝三畎。廣尺深尺。而播種於其中。苗葉以上。稍耨壠草。因隤其土以附苗根。壠盡畎平。則根深而能風與旱也。薿薿。茂盛貌。介。大。烝。進。髦。俊也。

俊士。秀民也。古者士出於農。而工商不與焉。管仲曰。農之子恒為農。野處而不暱。其秀民之能為士者。必足賴也。即謂此也。○此詩述公卿有田祿者。力於農事。以奉方社田祖之祭。故言於此大田。歲取萬畝之入以為祿食。及其積之久而有餘。則又存其新而散其舊。以食農人。補不足。助不給也。蓋以自古有年。是以陳陳相因。所積如此。然其用之之節。又合宜而有序如此。所以粟雖甚多。而無紅腐不可食之患也。又言自古既有年矣。今適南畝。農人方且或耘或耔。而其黍稷又已茂盛。則是又將復有年矣。故於其所美大止息之

烝。進我髦士而勞之也。【音釋】雝音壅。墤。愈水以醉二反。漢書作隤。音頹。謂下之也。能。讀曰耐。與。去聲。以食之食。音嗣。勞。去聲

○以我齊（音咨）明（叶謨郎反）。與我犧羊。以社以方。我田既臧。農夫之慶（叶祛羊反）。琴瑟擊鼓。以御（牙嫁反）田祖。以祈甘雨。以介我稷黍。以穀我士女

賦也。齊與粢同。曲禮曰。稷曰明粢。此言齊明。便文以協韻耳。犧羊。純色之羊也。社。后土也。以句龍氏配。方。秋祭四方。報成萬物。周禮所謂羅弊獻禽以祀祊是也。臧。善。慶。福。御。迎也。田祖。先嗇也。謂始耕田者。即神農也。周禮籥章。凡國祈年于田祖。則吹豳雅。擊土鼓。以樂田畯。是也。穀。養也。又曰善也。言倉廩實而知禮節也○言奉其齊盛犧牲以祭方社。而曰我田之所以善者。非我之所能致也。乃賴農夫之福而致之耳。又作樂以祭田祖而祈雨。庶有以大其稷黍而養其民人也【音釋】左傳。共工氏有子曰句龍。爲后土。后土。土官之名也。死以爲社神。故世人謂社爲后土。夏官大司馬。火弊獻禽以祭社。註云。弊。止也。春田主用火。車弊獻禽以享礿。註云。夏田主用車。羅弊致禽以祀祊。註云。秋田主用網。徒乃弊獻禽以享烝。註云。冬田主用衆。祊。音方。秋祭四方。報成萬物也。

○曾孫來止。以其婦子（叶奬里反）。饁（于輒反）彼南

畝。（叶滿彼反）田畯（音俊）至喜。攘（如羊反）其左右。（叶羽已反）嘗其旨否。（叶補美反）禾易（以豉反）長畝。（同上）終善且有。（叶羽已反）曾孫不怒。農夫克敏。（叶毋鄙反）

賦也。曾孫。主祭者之稱。非獨宗廟為然。曲禮外事曰曾孫某侯某。武王禱名山大川曰有道曾孫周王發。是也。饁。餉。攘。取。旨。美。易。治。長。竟。有。多。敏。疾也。○曾孫之來。適見農夫之婦子來饁耘者。於是與之偕至其所。而田畯亦至而喜之。乃取其左右之饋而嘗其旨否。言其上下相親之甚也。既又見其禾之易治。竟畝如一。而知其終當善而且多。是以曾孫不怒。而其農夫益以敏於其事也

○曾孫之稼。如茨（才私反）如梁。曾孫之庾。（羊主反）如坻（直基反）如京。（叶居良反）乃求千斯倉。乃求萬斯箱。黍稷稻粱。農夫之慶。（叶祛羊反）報以介福。萬壽無疆

賦也。茨。屋蓋。言其密比也。梁。車梁。言其穹隆也。坻。水中之高地也。京。高丘也。箱。車箱也。○此言收成之後。禾稼既多。則求倉以處之。求車以載之。而言凡此黍稷稻粱。皆賴農夫之慶而得之。是宜報以大福。使之萬壽無疆也。其歸美於下而欲厚報之如此

甫田四章章十句

大田多稼。既種（種上聲）既戒。既備乃事。（叶上止反）以我覃（以冉反）耜。（叶養里反）俶載南畝。（叶滿彼反）播厥百穀。（叶工洛反）既庭且碩。（叶常約反）曾孫是若。

賦也。種，擇其種也。戒，飭其具也。覃，利。俶，始。載，事。庭，直。碩，大。若，順也。○蘇氏曰：田大而種多。故於今歲之冬，具來歲之種，戒來歲之事。凡既備矣，然後事之，取其利耜而始事於南畝。既耕而播之，其耕之也勤，而種之也時，故其生者皆直而大，以順曾孫之所欲。此詩爲農夫之詞，以頌美其上，若以答前篇之意也。〔音釋〕種，之種之種，去聲。餘皆上聲。

○既方既皁。（叶子苟反）既堅既好。（叶許苟反）不稂（音郎）不莠。（餘久反）去（起呂反）其螟（莫庭反）螣（音特）及其蟊（莫侯反）賊。無害我田穉。（音稚）田祖有神。秉畀炎火。（叶虎委反）

賦也。方，房也。謂孚甲始生而未合時也。實未堅者曰皁。稂，童粱。莠，似苗。皆害苗之草也。食心曰螟，食葉曰螣，食根曰蟊，食節曰賊，皆害苗之蟲也。穉，幼禾也。○言其苗既盛矣，又必去此四蟲，然後可以無害田中之禾。然非人力所及也，故願田祖之神，爲我持此四蟲而付之炎火之中也。姚崇遣使捕蝗，引此爲證。夜中設火，火邊掘坑，且焚且瘞。蓋古之遺法如此。〔音釋〕房，謂米外之房。米生於中，若人之房舍。孚者，米外之粟皮。甲者，以在米外若鎧

巾也。孚與稃同。錯並七故反。去。上聲。爲我之爲去聲。湊去聲

○有渰（於檢反）萋萋（七西反），興雨祁祁。雨（于付反）我公田，遂及我私（叶息夷反）。彼有不穫穉，此有不斂（力檢反）穧（才計反），彼有遺秉，此有滯穗，伊寡婦之利。

賦也。渰，雲興貌。萋萋，盛貌。祁祁，徐也。雲欲盛，盛則多雨。雨欲徐，徐則入土。公田者，方里而井，井九百畝，其中爲公田，八家皆私百畝，而同養公田也。穧，束也。秉，把也。滯，亦遺棄之意也。○言農夫之心，先公後私，故望此雲雨而曰，天其雨我公田，而遂及我之私田乎。冀怙君

德，而蒙其餘惠。使收成之際，彼有不及穫之穉禾，此有不及斂之穧束，彼有遺棄之禾把，此有滯漏之禾穗，而寡婦尚得取之以爲利也。此見其豐成有餘而不盡取，又與鰥寡共之，既足以爲不費之惠，而亦不棄於地也。不然，則粒米狼戾，不殆於輕視天物而慢棄之乎。

○曾孫來止，以其婦子，饁彼南畝（子、畝，並見前篇），田畯至喜。來方禋（音因）祀（叶逸織反），以其騂黑，與其黍稷，以享以祀（同上），以介景福（叶筆力反）。

賦也。精意以享謂之禋。○農夫相告曰。曾孫來矣。於是與其婦子。饁彼南畝之穫者。而田畯亦至而喜之也。曾孫之來。又禋祀四方之神而賽禱焉。四方各用其方色之牲。此言騂黑。舉南北以見其餘也。以介景福。農夫欲曾孫之受福也

大田四章二章章八句二章章九句

前篇有擊鼓以御田祖之文。故或疑此楚茨信南山甫田大田四篇。即爲豳雅。其詳見於豳風之末。亦未知其是否也。然前篇上之人以我田旣臧爲農夫之慶。而欲報之以介福。此篇農夫以雨我公田。遂及我私。而欲其享祀以介景福。上下之情所以相賴而相報者如此。非盛德其孰能之

瞻彼洛矣。維水泱泱。（於良反。叶韻未詳）君子至止。福祿如茨。韎（音昧）韐（音閤）有奭（許力反）以作六師

賦也。洛水名。在東都會諸侯之處也。泱泱深廣也。君子指天子也。茨積也。韎茅蒐所染色也。韐韠也。合韋爲之。周官所謂韋弁兵事之服也。奭赤貌。作猶起也。六師六軍也。天子六軍。○此天子會諸侯于東都以講武事。而諸侯美天子之詩。言天子至此洛水之上。御戎服而起六師也

○瞻彼洛矣維水泱泱君子至止鞞補頂反琫必孔反有珌賓一反君子萬年保其家室

賦也。鞞容刀之鞞。今刀鞘也。琫上飾。珌下飾。亦戎服也。音釋 鞘音肖

○瞻彼洛矣維水泱泱君子至止福祿既同君子萬年保其家邦叶卜工反

賦也。同猶聚也。

瞻彼洛矣三章章六句

裳裳者華其葉湑思呂反兮我覯之子我心寫叶想與反兮我心寫兮是以有譽處兮

興也。裳裳猶堂堂。董氏云古本作常。常棣也。湑盛貌。覯見。處安也。○此天子美諸侯之辭。蓋以答瞻彼洛矣也。言裳裳者華則其葉湑然而美盛矣。我覯之子則其心傾寫而悅樂之矣。夫能使見者悅樂之如此。則其有譽處宜矣。此章與蓼蕭首章文勢全相似

○裳裳者華芸其黃矣我覯之子維其有章矣維其有章矣是以有慶叶墟羊反矣

興也。芸黃盛也。章文章也。有文章斯有福慶矣

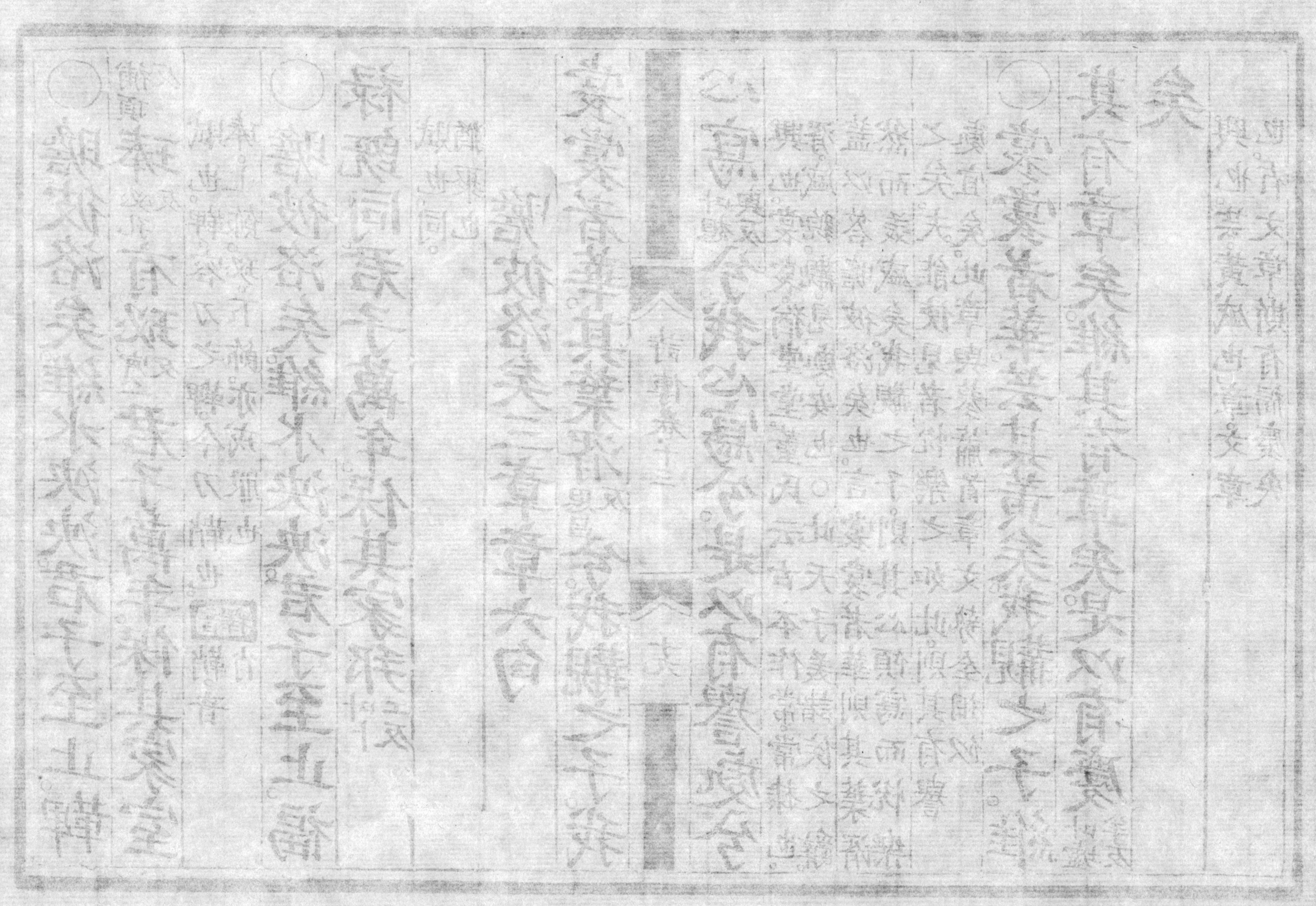

○裳裳者華。或黃或白。（叶僕各反）我覯之子。乘其四駱。乘其四駱。六轡沃若。

興也。言其車馬威儀之盛。

○左（叶祖戈反）之左（同上）之。君子宜（叶牛何反）之。右（叶羽已反）之右（同上）之。君子有（叶羽已反）之。維其有（同上）之。是以似（叶養里反）之。

賦也。言其才全德備。以左之則無所不宜。以右之則無所不有。維其有之於內。是以形之於外者。無不似其所有也。

裳裳者華四章章六句

北山之什十篇四十六章三百三十四句

詩卷之十三

詩卷之十四

朱熹集傳

桑扈之什二之七

○交交桑扈(侯古反)。有鶯其羽。君子樂(音洛)胥(叶思呂反)。受天之祜(侯古反)。

興也。交交。飛往來之貌。桑扈。竊脂也。鶯。然有文章也。君子。指諸侯。胥。語詞。祜。福也。○此亦天子燕諸侯之詩。言交交桑扈。則有鶯其羽矣。君子樂胥。則受天之祜矣。頌禱之詞也

○交交桑扈。有鶯其領。君子樂胥。萬

邦之屏(卑郢反)

興也。領。頸。屏。蔽也。言其能為小國之藩衛。蓋任方伯連帥之職者也

○之屏之翰(叶胡見反)。百辟(音璧)為憲。不戢(莊立反)不難(叶乃多反)。受福不那。

賦也。翰。幹也。所以當墻兩邊障土者也。辟。君。憲。法也。言其所統之諸侯。皆以之為法也。戢。歛。難。慎。那。多也。不戢。戢也。不難。難也。不那。那也。蓋曰豈不歛乎。豈不慎乎。其受福豈不多乎。古語聲急而然也。後放此

○兕(徐履反)觥(古橫反)其觩(音求)。旨酒思柔。彼交

匪敖(五報反)萬福來求

興也。兕觥。爵也。觩。角上曲貌。旨。美也。思。語詞也。敖。傲通。交。際之間。無所傲慢。則我無事於求福。而福反來求我矣

桑扈四章。章四句

鴛鴦于飛。畢之羅之。君子萬年。福祿宜之(叶牛何反)

興也。鴛鴦。匹鳥也。畢。小网長柄者也。羅。网也。○君子。指天子也。○此諸侯所以荅桑扈也。鴛鴦于飛。則畢之羅之矣。君子萬年。則福祿宜之矣。亦頌禱之詞也。

○鴛鴦在梁。戢其左翼。君子萬年。宜其遐福(叶筆力反)

興也。石絕水為梁。戢。斂也。張子曰。禽鳥並棲。一正一倒。戢其左翼以相依於內。舒其右翼以防患於外。蓋左不用而右便故也。遐。遠也。久也。

音釋　倒音到

○乘(繩證反)馬在廐(音救)。摧(采卧反)之秣(音末叶莫佩反)之。君子萬年。福祿艾(魚蓋反叶魚肺反)之

興也。摧。莝也。秣。粟也。艾。養也。蘇氏曰。艾。老也。言以福祿終其身也。亦通。○乘馬在廐。則摧之秣之矣。君子萬年。則福祿艾之矣。

○乘馬在廄。秣之摧之。叶徂爲采臥二反君子萬年。福祿綏之。叶宣隹土果二反

興也。綏，安也。

鴛鴦四章章四句

有頍鈌婢反者弁。實維伊何。爾酒既旨。爾殽既嘉。叶居何反豈伊異人。兄弟匪他。湯何反蔦音鳥與女蘿。力多反施以豉反于松柏。叶逋莫反未見君子。憂心奕奕。叶弋灼反既見君子。庶幾說音悅懌。叶弋灼反

賦而比也。頍，弁貌。或曰舉首貌。弁，皮弁也。嘉、旨皆美也。匪他，非他人也。蔦，寄生也。葉似當盧子，如覆盆子，赤黑甜美。女蘿，兔絲也。蔓連草上，黃赤如金。此則比也。君子，兄弟爲賓者也。奕奕，憂心無所薄也。○此亦燕兄弟親戚之詩。故言有頍者弁，實維伊何乎。爾酒既旨，爾殽既嘉，則豈伊異人乎。乃兄弟而匪他也。又言蔦蘿施于木上，以比兄弟親戚纏綿依附之意。是以未見而憂，既見而喜也。

音釋 賦而興又比也。今本多作賦而比。誤也。三章並同

○有頍者弁。實維何期。爾酒既旨。爾

[illegible]

[illegible]

殽既時豈伊異人兄弟具來（叶陵之反）蔦與女蘿施于松上（叶時亮反）未見君子憂心怲怲（兵命反叶兵旺反）既見君子庶幾有臧（叶才浪反）

賦而興又比也何期猶伊何也時善具俱也怲怲憂盛滿也臧猶善也

○有頍者弁實維在首爾酒既旨爾殽既阜（方九反）豈伊異人兄弟甥舅（巨九反）如彼雨（于付反）雪先集維霰（蘇薦反）死喪（去聲）無日無幾（居豈反）相見樂（音洛）酒今夕君子維宴

賦而興又比也阜猶多也甥舅謂母姑姊妹妻族也霰雪之始凝者也將大雨雪必先微溫雪自上下遇溫氣而搏謂之霰久而寒勝則大雪矣言霰集則將雪之候以比老至則將死之微也故卒言死喪無日不能久相見矣但當樂飲以盡今夕之歡篤親親之意也

頍弁三章章十二句

間關車之舝（胡瞎下介二反）兮思孌（力兗反）季女逝兮（石列石制二反）匪飢匪渴德音來括雖無好友（叶羽已反）式燕且喜

賦也間關設舝聲也舝車軸頭鐵也無事則脫行則設之昏禮親迎者乘車孌美貌逝往

括。會也。○此燕樂其新昏之詩。故言間關然設此車舝者。蓋思彼孌然之季女。故乘此車往而迎之也。匪飢也。匪渴也。望其德音來括而心如飢渴耳。雖無他人。亦當宴飲以相喜樂也

○依彼平林。有集維鷮音驕。辰彼碩女。令德來教叶居爻反。式燕且譽。好呼報反爾無射。音亦叶都故反

興也。依。茂木貌。鷮。雉也。微小於翟。走而且鳴。其尾長。肉甚美。辰。時。碩。大也。爾。即季女也。射。厭也。○依彼平林。則有集維鷮。辰彼碩女。則以令德來配已而教誨之。是以式燕且譽而悅慕之無厭也

○雖無旨酒。式飲庶幾。雖無嘉殽。式食庶幾。雖無德與女音汝。式歌且舞

賦也。旨。嘉。皆美也。女。亦指季女也。○言我雖無旨酒嘉殽美德以與女。女亦當飲食歌舞以相樂也

○陟彼高岡。析星歷反其柞才落反薪。叶音襄析其柞薪。其葉湑思呂反兮。鮮息淺反我覯爾。我心叶想反兮

興也。陟登。柞櫟。湑盛。鮮少。覯見也。○陟岡而析薪則其葉湑兮矣我得見爾則我心寫兮矣

○高山仰（叶五剛反）止。景行行（叶戶郎反）止。四牡騑騑（孚非反）。六轡如琴。覯爾新昏。以慰我心。

興也。仰瞻望也。景行大道也。如琴謂六轡調和如琴瑟也。慰安也。○高山則可仰景行則可行。馬服御良則可以迎季女而慰我心也。此又舉其始終而言也。表記曰。小雅曰高山仰止。景行行止。子曰。詩之好仁如此。鄉道而行。中道而廢。忘身之老也。不知年數之不足也。俛焉日有孳孳。斃而後已

〔音釋〕好。去聲。鄉。音向。

車舝五章。章六句

營營青蠅。止于樊（音煩叶汾乾反）。豈弟君子。無信讒言。

比也。營營往來飛聲。亂人聽也。青蠅汚穢能變白黑。樊藩也。君子謂王也。○詩人以王好聽讒言。故以青蠅飛聲比之。而戒王以勿聽也。

○營營青蠅。止于棘。讒人罔極。交亂四國（叶越逼反）。

興也。棘所以爲藩也。極猶已也。

高山仰止景行行止四牡騑騑六轡如琴覯爾新昏以慰我心

詩傳卷之四

六

車舝五章章六句

營營青蠅止于樊豈弟君子無信讒言

營營青蠅止于棘讒人罔極交亂四國

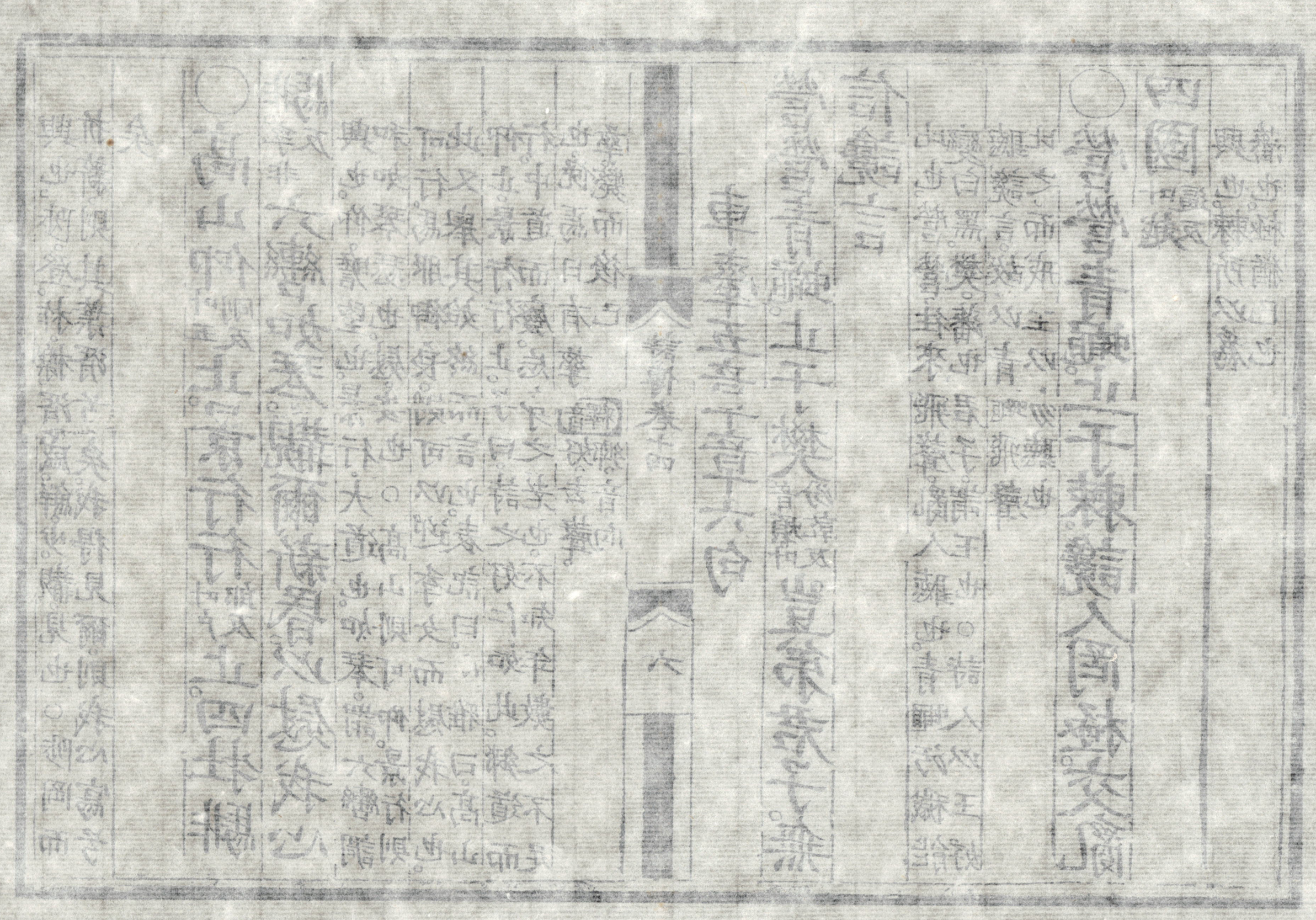

○營營青蠅。止于榛。士巾反讒人罔極。構我二人古豆反

興也。構。合也。猶交亂也。己與聽者爲二人

青蠅三章章四句

賓之初筵。左右秩秩。無韻未詳。後三四章放此籩豆有楚。殽户交反核户革反維旅。酒既和旨。飲酒孔偕。音皆叶舉里反鐘鼓既設。叶書質反舉醻市由反逸逸。大侯既抗。叶居郎反弓矢斯張。射夫既同。

獻爾發功。發彼有的。叶丁樂反以祈爾爵

賦也。初筵。初即席也。左右。筵之左右也。秩秩。有序也。楚。列貌。殽。豆實也。核。籩實也。旅。陳也。和旨。調美也。孔。甚也。偕。齊一也。設。宿設而又遷于下也。大射。樂人宿縣。厥明將射。乃遷樂于下以避射位。是也。舉醻。舉所奠之醻爵也。逸逸。往來有序也。大侯。君侯也。天子熊侯白質。諸侯麋侯赤質。大夫布侯畫以虎豹。士布侯畫以鹿豕。天子侯身一丈。其中三分居一。白質畫熊。其外則丹地畫以雲氣。抗。張也。凡射。張侯而不繫左下綱。中掩束之。至將射。司馬命張侯。弟子脫束遂繫下綱也。大侯張而弓矢亦張。節也。射夫既同。比其耦也。射禮。選羣臣爲三耦。三耦之外。其餘各自取匹。謂之衆耦。獻。猶奏也。發。發矢也。的。質也。祈。求也。爵

○營營青蠅，止于榛。讒人罔極，構我二人。

青蠅三章，章四句。

賓之初筵，左右秩秩。籩豆有楚，殽核維旅。酒既和旨，飲酒孔偕。鐘鼓既設，舉醻逸逸。大侯既抗，弓矢斯張。射夫既同，獻爾發功。發彼有的，以祈爾爵。

[illegible]

射不中者飲豐上之觶也○衛武公飲酒悔過而作此詩。此章言因射而飲者。初筵禮儀之盛。酒既調美。而飲者齊一。至於設鐘鼓。舉醻爵。抗大侯。張弓矢。而衆耦拾發。各心競云我以此求爵汝也。【音釋】縣。音玄。儀禮。樂人宿縣于阼階東。此。匹志反。豐。所以承罰爵。形似豆而卑。觶。支義反。罰爵也。奠于豐上。飲則徹之。拾。更也。拾發。更代發矢也。拾。音跲。其劫反

○籥舞笙鼓。樂既和奏。叶宗五反烝衎苦旦反烈祖。以洽百禮。百禮既至。有壬有林。錫爾純嘏。子孫其湛。都南反叶持林反其湛曰樂。音洛

各奏爾能。叶奴金反賓載手仇。音拘叶求其二音室人入又。叶由怡二音酌彼康爵。以奏爾時。叶酬時二音

賦也。籥舞。文舞也。烝。進。衎。樂。烈。業。洽。合也。百禮。言其備也。壬。大。林。盛也。言禮之盛大也。錫。神錫之也。爾。主祭者也。嘏。福。湛。樂也。各奏爾能。謂子孫各酌而獻尸。尸酢而卒爵也。仇。讀曰𣪊。室人有室中之事者。謂佐食也。又。復也。賓手挹酒。室人復酌。爲加爵也。康。安也。酒所以安體也。或曰。康。讀曰抗。記曰。崇坫康圭。此亦謂坫上之爵也。時。時祭也。蘇氏曰。時。物也。

○此言因祭而飲者。始時禮樂之盛如此也。

○賓之初筵。溫溫其恭。其未醉止。威

賓之初筵溫溫其恭其未醉止威[illegible]

[illegible]

[illegible]

[illegible]

[illegible]

又[illegible]酌彼康爵以奏爾時[illegible]

各奏爾能[illegible]賓載手仇[illegible]室人入[illegible]

爾[illegible]子孫其湛其湛曰樂[illegible]

[illegible]以洽百禮百禮既至有壬有林錫[illegible]

[illegible]

[illegible]

[illegible]

[illegible]

[illegible]

儀反反(叶分遭反)曰既醉止威儀幡幡(叶分遭反)舍(音捨)其坐遷屢舞僊僊其未醉止威儀抑抑曰既醉止威儀怭怭(叶毗必反)是曰既醉不知其秩

賦也。反反顧禮也。幡幡輕數也。遷徙。屢數也。僊僊軒舉之狀。抑抑慎密也。怭怭媟嫚也。秩常也。○此言凡飲酒者常始乎治而卒乎亂也

○賓既醉止載號(乎羊反)載呶(女交反)亂我籩豆屢舞僛僛(起其反)是曰既醉不知其郵(叶于其反)側弁之俄屢舞傞傞(素多反)既醉而出並受其福(叶筆力反)醉而不出是謂伐德飲酒孔嘉(叶居何反)維其令儀(叶牛何反)

賦也。號呼。呶讙也。僛僛傾側之狀。郵與尤同。過也。側傾也。俄傾貌。傞傞不止也。出去。伐害。孔甚。令善也。○此章極言醉者之狀。因言賓醉而出。則與主人俱有美譽。醉至若此。是害其德也。飲酒之所以甚美者。以其有令儀爾。今若此。則無復有儀矣

○凡此飲酒或醉或否(叶補美反)既立之監或佐之史彼醉不臧不醉反恥式勿

從謂無俾大音泰怠叶養里反匪言勿言匪由勿語由醉之言俾出童羖音古三爵不識叶失志二音矧失引反敢多又叶夷益夷豉二反

賦也監史司正之屬燕禮鄉射恐有解倦失禮者立司正以監之察儀法也謂告也由從也童羖無角之羖羊必無之物也識記也○言飲酒者或醉或不醉故既立監而佐之以史則彼醉者所爲不善而不自知使不醉者反爲之羞愧也安得從而告之使勿至於大怠乎告之若曰所不當言者勿言所不當從者勿語醉而妄言則將罰汝使出童羖矣設言必無之物以恐之也女飲至三爵已昏然無所記矣況敢又多飲乎又丁寧以戒之也

音釋 解居隘反 反爲之爲去聲 女音汝

賓之初筵五章章十四句

毛氏序曰衛武公刺幽王也韓氏序曰衛武公飲酒悔過也今按此詩意與大雅抑戒相類必武公自悔之作當從韓義

魚在在藻有頒符云反其首王在在鎬豈苦在反樂音洛飲酒

興也藻水草也頒大首貌豈亦樂也○此天子燕諸侯而諸侯美天子之詩也言魚何在乎在乎藻也則有頒其首矣王何在乎在乎鎬京也則豈樂飲酒矣

○魚在在藻。有莘(所巾反)其尾。王在在鎬。飲酒樂豈(叶去幾反)

興也。莘。長也

○魚在在藻。依于其蒲。王在在鎬。有那(乃多反)其居

興也。那。安。居。處也

魚藻三章章四句

采菽采菽。筐(音匡)之筥(音舉)之。君子來朝(音潮)何錫予(音與)之。雖無予之。路車乘(繩證反)馬(叶滿補反)又何予之。玄袞(古本反)及黼(音甫)

興也。菽。大豆也。君子。諸侯也。路車。金路以賜同姓。象路以賜異姓也。玄袞。玄衣而畫以卷龍也。黼。如斧形。刺之於裳也。周制。諸公袞冕九章。已見九罭篇。侯伯鷩冕七章。則自華蟲以下。子男毳冕五章。衣自宗彝以下而裳黼黻。孤卿絺冕三章。則衣粉米而裳黼黻。大夫玄冕。則玄衣黻裳而已。○此天子所以答魚藻也。采菽采菽。則必以筐筥盛之。君子來朝則必有以錫予之。又言今雖無以予之。然已有路車乘馬。玄袞及黼之賜矣。其言如此者。好之無已。意猶以爲薄也。【音釋】畫。胡卦反。刺。七亦反。鷩。必列反。毳。尺銳反。絺。陟里反。盛。平

聲。好。去聲。

○觱(音必)沸(音弗)檻(胡覽反)泉。(叶才勻反)言采其芹。(巨斤反)君子來朝。言觀其旂。(巨斤反叶巨依反)其旂淠淠。(匹弊反)鸞聲嘒嘒。(呼惠反)載驂(七南反)載駟。(四)君子所屆。(叶居氣反)

興也。觱沸，泉出貌。檻泉，正出也。芹，水草，可食。淠淠，動貌。嘒嘒，聲也。屆，至也。○觱沸檻泉，則言采其芹。諸侯來朝，則言觀其旂。見其旂，聞其鸞聲，又見其馬，則知君子之至於是也。

○赤芾(音弗)在股。邪幅在下。(叶後五反)彼交匪紓。(音舒叶上與反)天子所予。(音與)樂(音洛)只(音止)君子。天子命(叶彌并反)之。樂只君子。福祿申之。

賦也。脛本曰股。邪幅，偪也。邪纏於足，如今行縢，所以束脛，在股下也。交，交際也。紓，緩也。○言諸侯服此芾偪，見于天子，恭敬齊遬，不敢紓緩，則爲天子所與，而申之以福祿也。

○維柞之枝。其葉蓬蓬。樂只君子。殿(多見反)天子之邦。(叶卜工反)樂只君子。萬福攸同。平平(婢延反)左右。亦是率從。

興也。柞，見車舝篇。蓬蓬，盛貌。殿，鎮也。平平，辯治也。左右，諸侯之臣也。率，循也。○維柞之枝。

則其葉蓬蓬然。樂只君子。則宜殿天子之邦。而爲萬福之所聚。又言其左右之臣亦從之而至此也。

○汎汎(芳劒反)楊舟。紼(音弗)纚(力馳反)維之。樂只君子。天子葵之。樂只君子。福祿膍(頻尸反)之。優哉游哉。亦是戾(叶郎之反)矣

興也。紼。繂也。纚。維也。皆繫也。言以大索纚其舟而繫之也。葵。揆也。揆。猶度也。膍。厚也。戾。至也。○汎汎楊舟。則必以紼纚維之。樂只君子。則天子必葵之。福祿必膍之。於是又歎其優游而至於此也。

采菽五章章八句

騂騂(息營反)角弓。翩(四然反)其反(叶分邅反)矣。兄弟昏姻。無胥遠(叶於圓反)矣

興也。騂騂。弓調和貌。角弓。以角飾弓也。翩。反貌。弓之爲物。張之則內向而來。弛之則外反而去。有似兄弟昏姻親疏遠近之意。胥。相也。○此刺王不親九族而好讒佞。使宗族相怨之詩。言騂騂角弓。既翩然而反矣。兄弟昏姻。則豈可以相遠哉

○爾之遠(叶於圓反)矣。民胥然矣。爾之教矣。民胥傚矣

[illegible]

○汎汎楊舟，紼纚維之。樂只君子，天子葵之。樂只君子，福祿膍之。優哉游哉，亦是戾矣。

[illegible]

采菽五章章八句

騂騂角弓，翩其反矣。兄弟昏姻，無胥遠矣。

[illegible]

○爾之遠矣，民胥然矣。爾之教矣，民胥傚矣。

賦也。爾，王也。上之所爲，下必有甚者。

○此令兄弟。綽綽有裕。預與二音不令兄弟。交相爲瘉。同上

賦也。令，善。綽，寬。裕，饒。瘉，病也。○言雖王化之不善，然此善兄弟，則綽綽有裕而不變。彼不善之兄弟，則由此而交相病矣。蓋指讒己之人而言也。

○民之無良。相怨一方。受爵不讓。叶如羊反至于已斯亡。

賦也。一方，彼一方也。○相怨者各據其一方耳。若以責人之心責己，愛己之心愛人，使彼己之間交見而無蔽，則豈有相怨者哉。況兄弟相怨相讒，以取爵位，而不知遜讓，終亦必亡而已矣。

○老馬反爲駒。叶去聲不顧其後。叶下故反如食音嗣宜饇。於據反如酌孔取。叶音娶

比也。饇，飽。孔，甚也。○言其但知讒害人以取爵位，而不知其不勝任。如老馬憊矣，而反自以爲駒，不顧其後將有不勝任之患也。又如食之已多，而宜飽矣，酌之所取，亦已甚矣。

○毋教猱升木。如塗塗附。君子有徽猷。小人與屬。音蜀。叶殊遇反

彼小人與之爭行[illegible]合[illegible]附[illegible]有[illegible]

[illegible]

○[illegible]

[illegible]

美[illegible]反[illegible]孔[illegible]不[illegible]合

[illegible]

[illegible]

至于己所樂[illegible]相[illegible]一[illegible]

○[illegible]

[illegible]

○[illegible]人[illegible]合[illegible]

[illegible]

比也。猱獼猴也。性善升木。不待教而能也。塗泥。附。著。徽。美。猷。道。屬。附也。○言小人骨肉之恩本薄。王又好讒佞以來之。是猶教猱升木。又如於泥塗之上加以泥塗附之也。苟王有美道。則小人將反爲善以附之。不至於如此矣

○雨(于付反)雪瀌瀌(符驕反)見晛(乃見反)曰(音越。韓詩劉向作聿。下章做此)消。莫肯下(遐稼反)遺。式居婁(力住反荀子作屢)驕

比也。瀌瀌盛貌。晛日氣也。張子曰。讒言遇明者當自止。而王甘信之。不肯貶下而遺棄之。更益以長慢也

○雨雪浮浮。見晛曰流。如蠻如髦(叶莫侯反)我是用憂

比也。浮浮猶瀌瀌也。流流而去也。蠻南蠻也。髦夷髦也。書作髳。言其無禮義而相殘賊也

角弓八章章四句

有菀(音鬱)者柳。不尚息焉。上帝甚蹈。(戰國策作上天甚神)無自暱焉。俾予靖之。後予極焉

比也。柳茂木也。尚庶幾也。上帝指王也。蹈當作神。言威靈可畏也。暱近。靖。定也。極。求之盡也。○王者暴虐。諸侯不朝。而作此詩。言彼有菀然茂盛之柳。行路之人。豈不庶幾欲就止息乎。以比人誰不欲朝事王者。而王甚威神使人畏之而不敢近耳。使我朝而事之以靖

比也。猱獼猴也。性善升木。不待教而能也。塗泥。附著也。徽美。猷道。屬附也。○言小人骨肉之恩本薄。王又好讒佞以來之。是猶教猱升木。又如於泥塗之上加以泥塗附之也。苟王有美道。則小人將反為善以附之。不至於如此矣。

○雨（于付反）雪瀌瀌（符驕反）見晛（乃見反）曰（[illegible]韓詩劉向作聿。下章[illegible]）消。莫肯下遺。式居婁驕。

比也。瀌瀌盛貌。晛日氣也。[illegible]

○雨雪浮浮。見晛曰流。如蠻如髦。我是用憂。

比也。浮浮猶瀌瀌也。流流而去也。蠻南蠻也。髦夷髦也。書作髳。言其無禮義而相殘賊也。

角弓八章章四句

有菀（音鬱）者柳。不尚息焉。上帝甚蹈。（[illegible]）無自暱（尼質反）焉。俾予靖之。後予極焉。

比也。菀茂盛之貌。尚庶幾也。蹈當作神。言威靈可畏也。暱近也。靖治也。極誅也。○王者暴虐。諸侯不朝而作是詩。言彼有菀然茂盛之柳。行路之人豈不庶幾欲就止息乎。以比人誰不欲朝事王者。而王甚威神。使人畏之而不敢近耳。使我朝而事之以靖王室。後必將極我以罪也。

王室。後必將極其所欲以求於我。蓋諸侯皆不朝而已獨至。則王必責之無已。如齊威王朝周而後反爲所辱也。或曰。興也。下章放此。

【音釋】幾。音機。戰國策。魯仲連曰。齊威王率諸侯朝周。周貧且微。諸侯莫朝。而齊獨朝之。居歲餘。周威烈王崩。齊後往。周怒。於齊曰。天崩地坼。天子下席。東藩之臣。田嬰後至。則斮之

○有菀者柳。不尚愒欺例反焉。上帝甚蹈。見上無自瘵側界反叶子例反焉。戰國策作也俾予靖之。後予邁叶力制反焉

比也。愒。息。瘵。病也。邁。過也。求之過其分也

○有鳥高飛。亦傅音附于天叶鐵因反。彼人之心。于何其臻。曷予靖之。居以凶矜

興也。傅。臻。皆至也。彼人。斥王也。居。猶徒然也。凶矜。遭凶禍而可憐也。○鳥之高飛。極至於天耳。彼王之心。於何所極乎。言其貪縱無極。求責無已。人不知其所至也。如此則豈予能靖之乎。乃徒然自取凶矜耳

菀柳三章章六句

桑扈之什十篇四十三章二百八十二句

詩卷之十四

詩卷之十四

朱熹集傳

都人士之什二之八

彼都人士。狐裘黃黃。其容不改。出言有章。行歸于周。萬民所望。(叶音亡)

賦也。都。王都也。黃黃。狐裘色也。不改。有常也。章。文章也。周。鎬京也。○亂離之後。人不復見昔日都邑之盛。人物儀容之美。而作此詩以歎惜之也。

○彼都人士。臺笠緇撮。(七活反叶租悅反)彼君子

女。綢(直留反)直如髮。(叶方月反)我不見兮。我心不說。(音悅)

賦也。臺。夫須也。緇撮。緇布冠也。其制小。僅可撮其髻也。君子女。都人貴家之女也。綢直如髮。未詳其義。然以四章五章推之。亦言其髮之美耳。

○彼都人士。充耳琇(音秀)實。彼君子女。謂之尹吉。我不見兮。我心苑(於粉反)結。(叶繳質反)

賦也。琇。美石也。以美石為瑱。尹吉。未詳。鄭氏曰。吉讀為姞。尹氏姞氏。周之昏姻舊姓也。人見都人之女。咸謂尹氏姞氏之女。言其有禮法也。李氏曰。所謂尹吉。猶晉言王謝。唐言崔

盧也。苑。猶屈也。積也

○彼都人士。垂帶而厲。叶落蓋反彼君子女。卷音權髮如蠆。初邁反我不見兮。言從之邁

賦也。厲。垂帶之貌。卷髮。鬢傍短髮不可斂者。曲上卷然以爲飾也。蠆。螫蟲也。尾末揵然。似髮之曲上者。邁。行也。蓋曰是不可得見也。得見則我從之邁矣。思之甚也。音釋揵。丘言、渠焉、巨偃三反。舉也

○匪伊垂之。帶則有餘。匪伊卷之。髮則有旟。我不見兮。云何盱喜俱反矣

賦也。旟。揚也。盱。望也。説見何人斯篇。○此言士之帶非故垂之也。帶自有餘耳。女之髮非故卷之也。髮自有旟耳。言其自然閑美。不假脩飾也。然不可得而見矣。則如何而不望之乎

都人士五章章六句

終朝采綠。不盈一匊。弓六反予髮曲局。薄言歸沐

賦也。自旦及食時爲終朝。綠。王芻也。兩手曰匊。局。卷也。猶言首如飛蓬也。○婦人思其君子。而言終朝采綠而不盈一匊者。思念之深。不專於事也。又念其髮之曲局。於是舍之而

歸沐。以待其君子之還也。音釋 卷。音權。舍。音捨

○終朝采藍（盧談反）不盈一襜（尺占反叶都甘反）五日爲期六日不詹（音占叶多甘反）

賦也。藍。染草也。衣蔽前謂之襜。即蔽膝也。詹。與瞻同。五日爲期去時之約也。六日不詹。過期而不見也

○之子于狩（尺救反）言韔（勑亮反）其弓（叶姑弘反）之子于釣。言綸之繩

賦也。之子。謂其君子也。理絲曰綸。○言君子若歸而欲往狩耶。我則爲之韔其弓。欲往釣耶。我則爲之綸其繩。望之切。思之深。欲無往而不與之俱也

○其釣維何。維魴（音房）及鱮（音叙叶音湑）。維魴及鱮。薄言觀者（叶掌與反）

賦也。於其釣而有獲也。又將從而觀之。亦上章之意也

采綠四章章四句

芃芃（蒲東反）黍苗。陰雨膏（古報反）之。悠悠南行。召伯勞（力報反）之

興也。芃芃。長大貌。悠悠。遠行之意。○宣王封申伯於謝。命召穆公往營城邑。故將徒役南

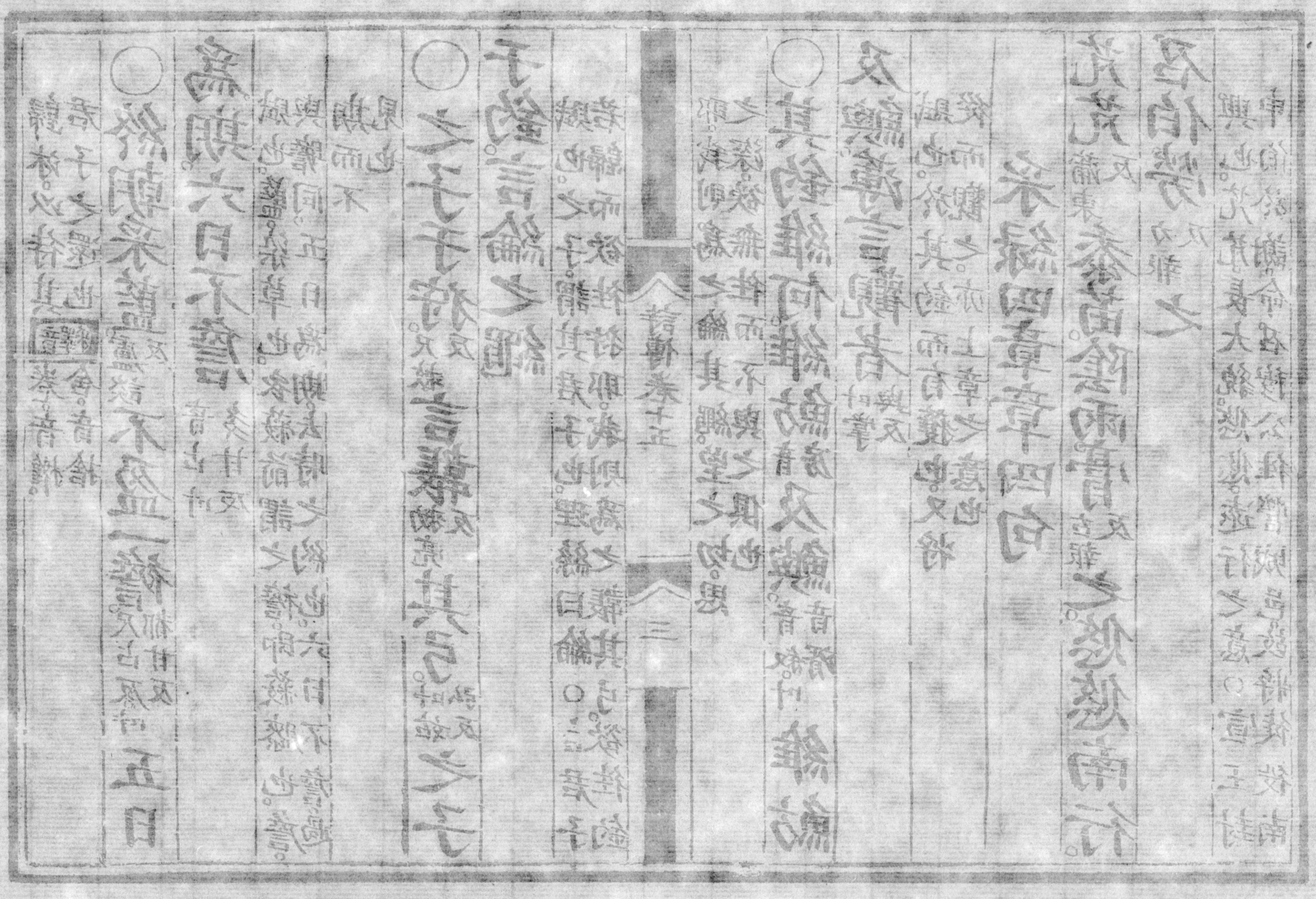

行。而行者作此。言芃芃黍苗。則唯陰雨能膏之。悠悠南行。則唯召伯能勞之也。

○我任（音壬）我輦（力展反）我車我牛（叶魚其反）我行既集蓋云歸哉（叶將黎反）

賦也。任。負任者也。輦。人輓車也。牛。所以駕大車也。集。成也。營謝之役既成而歸也。

○我徒我御我師我旅我行既集蓋云歸處

賦也。徒。步行者。御。乘車者。五百人為旅。五旅為師。春秋傳曰。君行師從。卿行旅從。

音釋 從。才用反

○肅肅謝功召伯營之烈烈征師召伯成之

賦也。肅肅。嚴正之貌。謝。邑名。申伯所封國也。今在鄧州信陽軍。功。工役之事也。營。治也。烈烈。威武貌。征。行也。

○原隰既平泉流既清召伯有成王心則寧

賦也。土治曰平。水治曰清。○言召伯營謝邑。相其原隰之宜。通其水泉之利。此功既成。宣王之心則安也。

音釋 治。相。並去聲

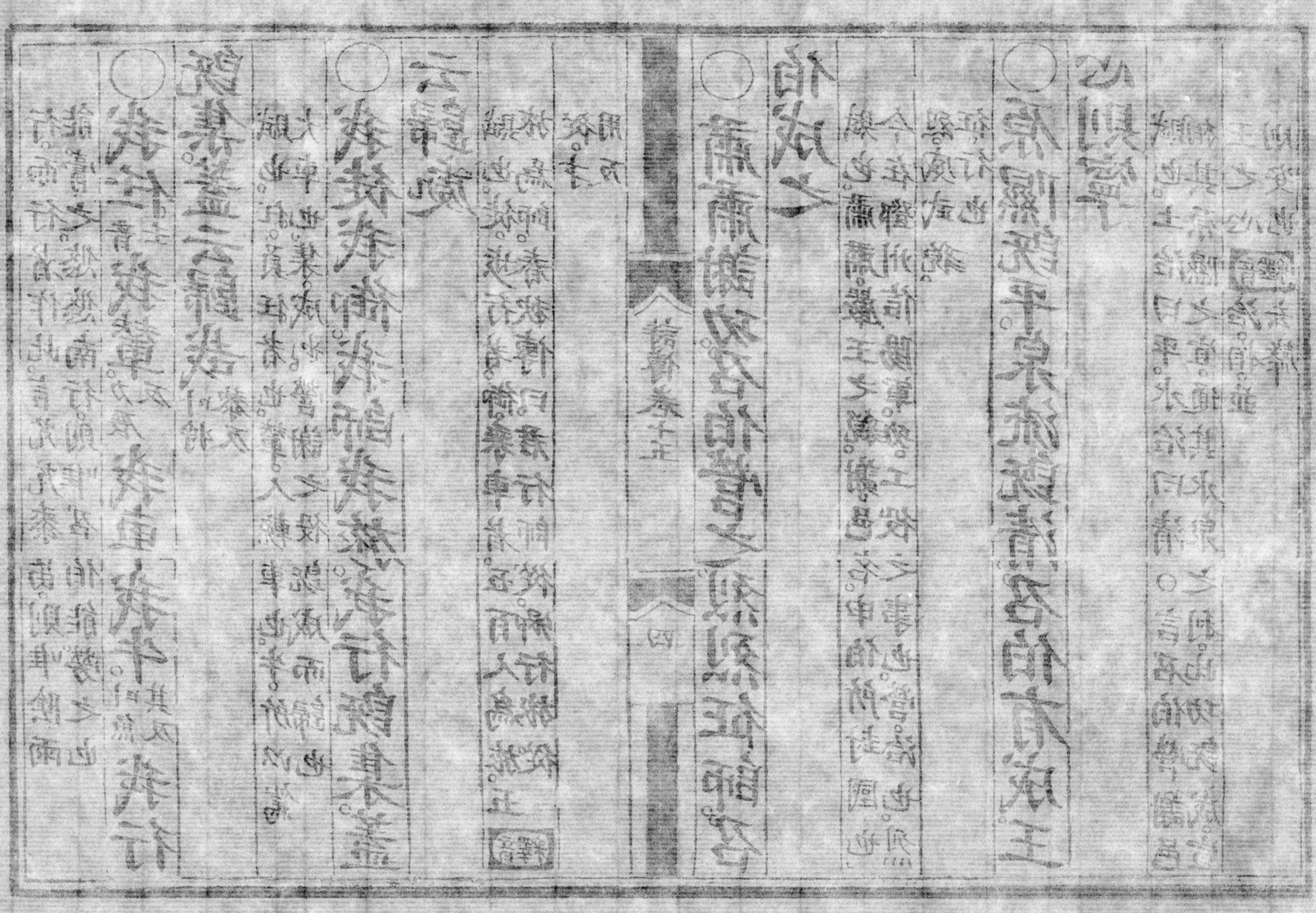

黍苗五章章四句

此宣王時詩。與大雅崧高相表裏

○隰桑有阿。其葉有難。乃多反旣見君子。其樂音洛。下同如何

興也。隰。下濕之處。宜桑者也。阿。美貌。難。盛貌。皆言枝葉條垂之狀。○此喜見君子之詩。言隰桑有阿。則其葉有難矣。旣見君子。則其樂如何哉。詞意大槩與菁菁者莪相類。然所謂君子。則不知其何所指矣。或曰比也。下章放此。

○隰桑有阿。其葉有沃。烏酷反。叶鬱縛反旣見君

子。云何不樂

興也。沃。光澤貌。

○隰桑有阿。其葉有幽。叶於交反旣見君子德音孔膠音交

興也。幽。黑色也。膠。固也。

○心乎愛矣。叶許旣反遐不謂矣。中心藏之。何日忘之

賦也。遐。與何同。表記作瑕。鄭氏註曰。瑕之言胡也。謂。猶告也。○言我中心誠愛君子。而旣

見之。則何不遂以告之。而但中心藏之。將使何日而忘之耶。楚辭所謂思公子兮未敢言意蓋如此。愛之根於中者深。故發之遲而存之久也

隰桑四章章四句

白華（音花）菅（音姦）兮。白茅束兮。之子之遠。俾我獨兮

比也。白華野菅也。已漚爲菅。之子。斥幽王也。俾使也。我申后自我也。○幽王娶申女以爲后。又得褒姒而黜申后。故申后作此詩。言白華爲菅。則白茅爲束。二物至微。猶必相須爲用。何之子之遠。而俾我獨耶 【音釋】漚。於侯反。漬也

○英英白雲。露彼菅茅。（叶莫侯反）天步艱難。之子不猶

比也。英英輕明之貌。白雲水土輕清之氣。當夜而上騰者也。露即其散而下降者也。步行也。天步猶言時運也。猶圖也。或曰。猶如也。○言雲之澤物。無微不被。今時運艱難。而之子不圖。不如白雲之露菅茅也

○滮（符彪反）池北流。浸彼稻田。（叶地因反）嘯歌傷懷。念彼碩人

比也。滮流貌。北流。豐鎬之間。水多北流。碩人。尊大之稱。亦謂幽王也。○言小水微流。尚能

浸灌。王之尊大。而反不能通其寵澤。所以使我嘯歌傷懷而念之也

○樵祖焦反彼桑薪。卬五綱反烘火東反于煁。市林反維彼碩人。實勞我心

比也。樵。采也。桑薪。薪之善者也。卬我。烘。燎也。煁。無釜之竈。可燎而不可烹飪者也。○桑薪宜以烹飪。而但爲燎燭。以比嬪后之尊。而反見卑賤也

○鼓鐘于宮。聲聞音問于外。念子懆懆。七到反視我邁邁

比也。懆懆。憂貌。邁邁。不顧也。○鼓鐘于宮。則聲聞于外矣。念子懆懆。而反視我邁邁。何哉

○有鶖音秋在梁。有鶴在林。維彼碩人。實勞我心

比也。鶖。禿鶖也。梁。魚梁也。○蘇氏曰。鶖鶴皆以魚爲食。然鶴之於鶖。清濁則有間矣。今鶖在梁而鶴在林。鶖則飽而鶴則飢矣。幽王進褒姒而黜申后。譬之養鶖而棄鶴也

○鴛鴦在梁。戢其左翼。之子無良。二三其德

比也。戢其左翼。言不失其常也。良。善也。二三其德。則鴛鴦之不如也

○有扁步典反斯石。履之卑兮。之子之遠

俾我疷都禮反許喬移反兮

比也。扁。卑貌。俾。使。疷。病也。○有扁然而卑之石。則履之者亦卑矣。如妾之賤。則寵之者亦賤矣。是以之子之遠而俾我疷也

白華八章章四句

緜蠻黃鳥。止于丘阿。道之云遠。我勞如何。飲於鴆反之食音嗣之。教之誨之。命彼後車。謂之載之

比也。緜蠻。鳥聲。阿。曲阿也。後車。副車也。○此微賤勞苦而思有所託者。爲鳥言以自比也。蓋曰緜蠻之黃鳥。自言止於丘阿而不能前。蓋道遠而勞甚矣。當是時也。有能飲之食之。教之誨之。又命後車以載之者乎

○緜蠻黃鳥。止于丘隅。豈敢憚行。畏不能趨。飲之食之。教之誨之。命彼後車。謂之載之

比也。隅。角。憚。畏也。趨。疾行也

○緜蠻黃鳥。止于丘側。豈敢憚行。畏不能極。飲之食之。教之誨之。命彼後

車。謂之載之

比也。側傍。極至也。國語云齊朝駕則夕極于魯國

緜蠻三章章八句

幡幡（孚煩反）瓠葉。采之亨（叶鋪郎反）之。君子有酒。酌言嘗之

賦也。幡幡。瓠葉貌。此亦燕飲之詩。言幡幡瓠葉。采之亨之。至薄也。然君子有酒。則亦以是酌而嘗之。蓋述主人之謙詞。言物雖薄而必與賓客共之也

○有兔（它故反）斯首。炮（白交反）之燔（音煩叶汾乾反）之。君子有酒。酌言獻（叶虛言反）之

賦也。有兔斯首。一兔也。猶數魚以尾也。毛曰炮。加火曰燔。亦薄物也。獻。獻之於賓也　音釋　數。色主反

○有兔斯首。燔之炙（音隻叶陟略反）之。君子有酒。酌言酢（才洛反）之

賦也。炕火曰炙。謂以物貫之而舉於火上以炙之。酢。報也。賓既卒爵而酌主人也　音釋　炕。苦浪反。乾也

○有兔斯首。燔之炮（叶蒲侯反）之。君子有酒

酌言醻(市周反)之

賦也。醻。導飲也

瓠葉四章章四句

漸漸(並士銜反。下同)之石。維其高矣。山川悠遠。維其勞矣。武人東征。不遑朝(叶直高反)矣

賦也。漸漸。高峻之貌。武人。將帥也。遑。暇也。言無朝旦之暇也。○將帥出征。經歷險遠。不堪勞苦而作此詩也。〔音釋〕將帥並去聲

○漸漸之石。維其卒(在律反)矣。山川悠遠。

曷其沒(叶莫筆反)矣。武人東征。不遑出矣

賦也。卒。崔嵬也。謂山巔之末也。曷。何。沒。盡也。言所登歷。何時而可盡也。不遑出。謂但知深入。不暇謀出也

○有豕白蹢(音的)。烝涉波矣。月離于畢。俾滂(普郎反)沱(徒何反)矣。武人東征。不遑他(湯何反)矣

賦也。蹢。蹄。烝。衆也。離。月所宿也。畢。星名。豕涉波。月離畢。將雨之驗也。○張子曰。豕之負塗曳泥。其常性也。今其足皆白。衆與涉波而去。水患之多可知矣。此言久役。又逢大雨。甚勞

漸漸之石，維其高矣。山川悠遠，維其勞矣。武人東征，不皇朝矣。

[illegible]

○漸漸之石，維其卒矣。山川悠遠，曷其沒矣。武人東征，不皇出矣。

[illegible]

○有豕白蹢，烝涉波矣。月離于畢，俾滂沱矣。武人東征，不皇他矣。

[illegible]

漸漸之石三章，章六句。

苦而不暇及他事也

漸漸之石三章章六句

苕音條之華。音花芸音云其黃矣。心之憂矣維其傷矣

比也。苕。陵苕也。本草云。即今之紫葳。蔓生附於喬木之上。其華黃赤色。亦名凌霄。○詩人自以身逢周室之衰。如苕附物而生。雖榮不久。故以爲比。而自言其心之憂傷也

○苕之華。其葉青青。子零反知我如此。不如無生叶桑經反

比也。青青。盛貌。然亦何能久哉

○牂子桑反羊墳扶云反首。三星在罶。音柳人可以食。鮮息淺反可以飽叶補苟反

賦也。牂羊。牝羊也。墳。大也。羊瘠則首大也。罶。笱也。罶中無魚而水靜。但見三星之光而已○言饑饉之餘。百物彫耗如此。苟且得食足矣。豈可望其飽哉

苕之華三章章四句

陳氏曰。此詩其詞簡。其情哀。周室將亡不可救矣。詩人傷之而已

何草不黃。何日不行。叶户郎反何人不將。經營

營四方。

興也。草衰則黃。將，亦行也。○周室將亡，征役不息，行者苦之，故作此詩。言何草而不黃，何日而不行，何人而不將，以經營於四方也哉。

○何草不玄，叶胡匀反何人不矜。古頑反，韓詩作鰥，叶居陵反哀我征夫，獨為匪民。

興也。玄，赤黑色也。既黃而玄也。無妻曰矜。言從役過時而不得歸，失其室家之樂也。哀我征夫，豈獨為非民哉。

○匪兕徐履反匪虎，率彼曠野。叶上與反哀我征夫，朝夕不暇。叶後五反

賦也。率，循。曠，空也。○言征夫非兕非虎，何為使之循彼曠野，而朝夕不得閒暇也。

○有芃薄工反者狐，叶與車率彼幽草。有棧士板反之車，行彼周道。

興也。芃，尾長貌。棧車，役車也。周道，大道也。言不得休息也。

何草不黃四章，章四句。

都人士之什十篇，四十三章，二百句。

詩卷之十五

詩卷之十五

詩卷之十六

朱熹集傳

大雅三

說見小雅

文王之什三之一

文王在上。於(音烏)昭于天。(叶鐵因反)周雖舊邦。其命維新。有周不顯。帝命不時。(叶上紙反)文王陟降。在帝左右。(叶羽已反)

賦也。於。歎辭。昭。明也。命。天命也。不顯。猶言豈不顯也。帝。上帝也。不時。猶言豈不時也。左右。旁側也。○周公追述文王之德。明周家所以受命而代商者。皆由於此。以戒成王。此章言文王既沒。而其神在上。昭明于天。是以周邦雖自后稷始封千有餘年。而其受天命則自今始也。夫文王在上而昭于天。則其德顯矣。周雖舊邦而命則新。則其命時矣。故又曰有周豈不顯乎。帝命豈不時乎。蓋以文王之神在天。一升一降無時不在上帝之左右。是以子孫蒙其福澤而君有天下也。春秋傳天王追命諸侯之詞曰。叔父陟恪。在我先王之左右以佐事上帝。語意與此正相似。或疑恪亦降字之誤。理或然也。

亹亹(音尾)文王。令聞(音問)不已。陳錫哉

周侯。文王孫子。叶獎里反 文王孫子。本支百世。凡周之士。不顯亦世世。

賦也。亹亹。強勉之貌。令聞。善譽也。陳。猶敷也。哉。語辭。侯。維也。本。宗子也。支。庶子也。○文王非有所勉也。純亦不已。而人見其若有所勉耳。其德不已。故今既沒而其令聞猶不已也。令聞不已。是以上帝敷錫于周。維文王孫子則使之本宗百世爲天子。支庶百世爲諸侯。而又及其臣子。使凡周之士。亦世世修德與周匹休焉。

○世之不顯。厥猶翼翼。思皇多士。生此王國。叶于逼反 王國克生。維周之楨。音貞 濟濟。子禮反 多士。文王以寧。

賦也。猶。謀。翼翼。勉敬也。思。語辭。皇。美。楨。榦也。濟濟。多貌。○此承上章而言其傳世豈不顯乎。而其謀猷皆能勉敬如此也。美哉此衆多之賢士。而生於此文王之國也。文王之國能生此衆多之士。則足以爲國之榦。而文王亦賴以爲安矣。蓋言文王得人之盛。而宜其傳世之顯也。

○穆穆文王。於緝七入反 熙敬止。假古雅反 哉天命。有商孫子。商之孫子。其麗不億。上帝既命。侯于周服。叶蒲北反

賦也穆穆深遠之意緝續熙明亦不已之意
止語辭假大麗數也不億不止於億也侯維
也○言穆穆然文王之德不已其敬如此是
以大命集焉以有商孫子觀之則可見矣蓋
商之孫子其數不止於億然以上帝
之命集於文王而今皆維服于周矣
○侯服于周天命靡常殷士膚敏祼古亂反
將于京叶居良反厥作祼將常服黼音甫冔況甫反
王之藎才刃反臣無念爾祖
賦也諸侯之大夫入天子之國曰某士則殷
士者商孫子之臣屬也膚美敏疾也祼灌鬯
也將行也酌而送之也京周之京師也黼黼
裳也冔殷冠也蓋先代之後統承先王修其
禮物作賓于王家時王不敢變焉而亦所以
爲戒也王指成王也藎進也言其忠愛之篤
進進無已也無念猶言豈得無念也爾祖文
王也○言商之孫子而侯服于周以天命之
不可常也故殷之士助祭於周京而服商之
服也於是呼王之藎臣而告之曰得無念爾
祖文王之德乎蓋以戒王而不敢斥言猶所
謂敢告僕夫云爾劉向曰孔子論詩至於殷
士膚敏祼將于京喟然歎曰大哉天命善不
可不傳于後嗣是以富貴無常蓋傷微子之
事周而痛殷之亡也〔音釋〕左虞人之箴曰獸臣司原敢告僕夫
○無念爾祖聿于筆反修厥德永言配命
自求多福叶筆力反殷之未喪息浪反師克配上

[illegible]

○侯服于周天命靡常殷士膚敏
祼將于京厥作祼將常服黼冔
王之藎臣無念爾祖

[illegible]

○無念爾祖聿修厥德永言配命
自求多福殷之未喪師克配上帝

帝宜鑒于殷駿音峻命不易以豉反

賦也。聿發語辭。永長。配合也。命天理也。師衆也。上帝天之主宰也。駿大也。不易言其難也。○言欲念爾祖在於自修其德而又常自省察使其所行無不合於天理則盛大之福自我致之有不外求而得矣又言殷未失天下之時其德足以配乎上帝矣今其子孫乃如此宜以爲鑒而自省焉則知天命之難保矣大學傳曰得衆則得國失衆則失國此之謂也

○命之不易無遏爾躬叶姑弘反宣昭義問有虞殷自天叶鐵因反上天之載無聲無臭叶初尤反儀刑文王萬邦作孚叶房尤反

賦也。遏絶。宣布。昭明。義善也。問聞。通有又通虞度。載事。儀象。刑法。孚信也。○言天命之不易保故告之使無若紂之自絶于天而布明其善譽於天下又度殷之所以廢興者而折之於天然上天之事無聲無臭不可得而度也惟取法於文王則萬邦作而信之矣子思子曰維天之命於穆不已蓋曰天之所以爲天也於乎不顯文王之德之純蓋曰文王之所以爲文也純亦不已夫知天之所以爲天又知文王之所以爲文則夫與天同德者可得而言矣是詩首言文王在上於昭于天文王陟降在帝左右而終之以此其旨深矣

文王七章章八句

東萊呂氏曰。呂氏春秋引此詩以爲周公所作。味其詞意。信非周公不能作也。○今按此詩一章言文王有顯德。而上帝有成命也。二章言天命集於文王。則不唯尊榮其身。又使其子孫百世爲天子諸侯也。三章言命周之福。不唯及其子孫。而又及其羣臣之後嗣也。四章言天命既絕於商。則不唯誅罰其身。又使其子孫亦來臣服于周也。五章言絕商之禍。不唯及其子孫。而又及其羣臣之後嗣也。六章言周之子孫臣庶。當以文王爲法。而以商爲監也。七章又言當以商爲監。而以文王爲法也。其於天人之際。興亡之理。丁寧反覆。至深切矣。故立之樂官。而因以爲天子諸侯朝會之樂。蓋將以戒乎後世之君臣。而又以昭先

王之德於天下也。國語以爲兩君相見之樂。特舉其一端而言耳。然此詩之首章言文王之昭于天。而不言其所以昭。次章言其令聞不已。而不言其所以聞。至於四章。然後所以昭明而不已者。乃可得而見焉。然亦多詠歎之言。而語其所以爲德之實。則不越乎敬之一字而已。然則後章所謂修厥德而儀刑之者。豈可以他求哉。亦勉於此而已矣

明明在下。赫赫在上。(叶辰羊反)天難忱(市林反)斯。不易(以豉反)維王。天位殷適(音的)。使不挾(子燮反)四方

賦也。明明，德之明也。赫赫，命之顯也。忱，信也。不易，難也。天位，天子之位也。殷適，殷之適嗣也。挾，有也。○此亦周公戒成王之詩。將陳文武受命，故先言在下者有明明之德，則在上者有赫赫之命。達于上下，去就無常，此天之所以難忱，而爲君之所以不易也。紂居天位，爲殷嗣，乃使之不得挾四方而有之，蓋以此爾。

○摯音至仲氏任音壬，自彼殷商，來嫁于周，曰嬪毗申反于京叶居良反。乃及王季，維德之行叶戶郎反。大音泰任有身叶尸羊反，生此文王。

賦也。摯，國名。仲，中女也。任，摯國姓也。殷商，商之諸侯也。嬪，婦也。京，周京也。曰嬪于京，疊言以釋上句之意，猶曰釐降二女于嬀汭，嬪于虞也。王季，文王父也。身，懷孕也。○將言文王之聖，而追本其所從來者如此。蓋曰自其父母而已然矣。

○維此文王，小心翼翼。昭事上帝，聿懷多福叶筆力反。厥德不回，以受方國叶越逼反。

賦也。小心翼翼，恭慎之貌，即前篇之所謂敬也。文王之德，於此爲盛。昭，明。懷，來。回，邪也。方國，四方來附之國也。

○天監在下，有命既集叶昨合反。文王初載。天作之合，在洽之陽，在渭之涘音士，叶羽已反。

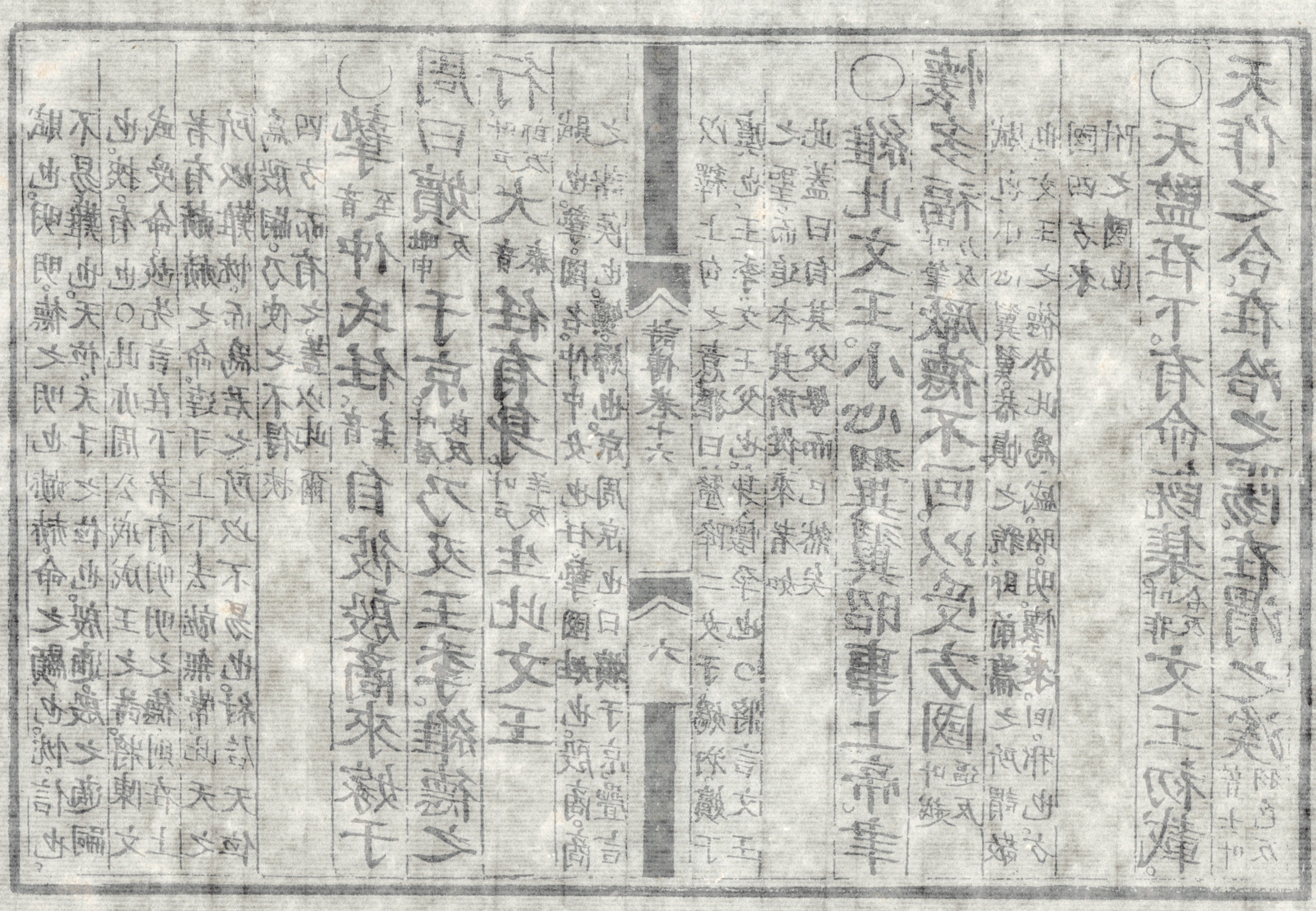

文王嘉止。大邦有子。叶獎禮反

賦也。監。視。集。就。載。年。合。配也。洽。水名。本在今同州郃陽夏陽縣。今流已絕。故去水而加邑。渭。水。亦逕此入河也。嘉。婚禮也。大邦。莘國也。子。大姒也。○將言武王伐商之事。故此又推其本而言天之監照實在於下。其命既集於周矣。故於文王之初年而默定其配。所以洽陽渭涘。當文王將昏之期。而大邦有子也。蓋曰非人之所能為矣

○大邦有子。俔牽遍反天之妹。文定厥祥。親迎魚敬反于渭。造舟為梁。不顯其光

賦也。俔。磬也。韓詩作磬。說文云。俔。譬也。孔氏曰。如今俗語譬喻物曰磬作然也。文。禮。祥。吉也。言卜得吉而以納幣之禮定其祥也。造。作。梁。橋也。作船於水。比之而加版於其上以通行者。即今之浮橋也。傳曰。天子造舟。諸侯維舟。大夫方舟。士特舟。張子曰。造舟為梁。文王所制。而周世遂以為天子之禮也。不顯。顯也。

音釋　造舟。比其舟而渡。維舟。中央左右相維持。方舟。併兩船。特舟。一舟。又曰。維舟連四舟以下。皆水上浮而行之

○有命自天。命此文王。于周于京。叶居良反纘子管反女維莘。所巾反長丁丈反子維行。叶户郎反篤生武王。保右音祐命爾。燮伐大商

賦也。纘。繼也。莘。國名。長子。長女。大姒也。行。嫁。篤。厚也。言既生文王。而又生武王也。右。助。燮。

和也。○言天既命文王於周之京矣。而克纘大任之女事者維此莘國以其長女來嫁于我也。天又篤厚之。使生武王。保之助之命之而使之順天命以伐商也

○殷商之旅。其會如林。矢于牧野。維予侯興。叶音歆上帝臨女。音汝無貳爾心

賦也。如林。言衆也。書曰受率其旅若林。矢。陳也。牧野。在朝歌南七十里。侯。維。貳。疑也。爾。武王也。○此章言武王伐紂之時。紂衆會集如林以拒武王。而皆陳于牧野。則維我之師爲有興起之勢耳。然衆心猶恐武王以衆寡之不敵而有所疑也。故勉之曰上帝臨女。毋貳爾心。蓋知天命之必然而贊其決也。然武王非必有所疑也。設言以見衆心之同。非武王之得已耳

○牧野洋洋。檀車煌煌。駟騵音元彭彭。叶鋪郎反維師尚父。時維鷹揚。涼音亮彼武王。肆伐大商。會朝清明。叶謨郎反

賦也。洋洋。廣大之貌。檀。堅木。宜爲車者也。煌煌。鮮明貌。騵。駵馬白腹曰騵。彭彭。強盛貌。師尚父。大公望爲大師而號尚父也。鷹揚。如鷹之飛揚而將擊。言其猛也。涼。漢書作亮。佐助也。肆。縱兵也。會朝。會戰之旦也。○此章言武王師衆之盛。將帥之賢。伐商以除穢濁。不崇朝而天下清明。所以終首章之意也

大明八章四章章六句四章章八句

名義見小旻篇。一章言天命無常惟德是與。二章言王季大任之德以及文王。三章言文王之德。四章五章六章言文王大姒之德以及武王。七章言武王克紂。八章言武王克商以終首章之意。其章以六句八句相閒。又國語以此及下篇皆爲兩君相見之樂。說見上篇

緜緜瓜瓞田節反民之初生自土沮七余反漆。音七古公亶都但反父音甫陶音桃復音福陶穴叶戶橘反未有家室

比也。緜緜不絕貌。大曰瓜。小曰瓞。瓜之近本初生者常小。其蔓不絕。至末而後大也。民。周人也。自。從。土。地也。沮漆。二水名。在豳地。古公。號也。亶父。名也。或曰字也。後乃追稱大王焉。陶。窯竈也。復。重窯也。穴。土室也。家。門內之通名也。豳地近西戎而苦寒。故其俗如此。○此亦周公戒成王之詩。追述大王始遷岐周以開王業。而文王因之以受天命也。此其首章。言瓜之先小後大。以比周人始生於漆沮之上。而古公之時居於窯竈土室之中。其國甚小。至文王而後大也

古公亶父。來朝走馬。叶滿補反率西水滸。

呼五反

至于岐下。叶後五反 爰及姜女，聿來胥宇。

賦也。朝，早也。走馬，避狄難也。率，循也。滸，水厓也。漆沮之側也。岐下，岐山之下也。姜女，大王妃也。胥，相。宇，宅也。孟子曰：大王居邠，狄人侵之，事之以皮幣珠玉犬馬而不得免，乃屬其耆老而告之曰：狄人之所欲者，吾土地也。吾聞之也，君子不以其所以養人者害人。二三子何患乎無君，我將去之。去邠，踰梁山，邑于岐山之下居焉。邠人曰：仁人也，不可失也。從之者如歸市。

音釋 難，去聲。相，息亮反。屬，音燭。

○周原膴膴，音武 堇音謹 荼如飴。音移 爰始爰謀，叶謀悲反 爰契苦計反 我龜。曰止曰時，築室于茲。叶津之反

賦也。周，地名，在岐山之南。廣平曰原。膴膴，肥美貌。堇，烏頭也。荼，苦菜，蓼屬也。飴，餳也。契，所以然火而灼龜者也。儀禮所謂楚焞是也。或曰：以刀刻龜甲欲鑽之處也。○言周原土地之美，雖物之苦者亦甘，於是大王始與豳人之從己者謀居之，又契龜而卜之，既得吉兆，乃告其民曰：可以止於是而築室矣。或曰：時，謂土功之時也。

音釋 燉，土敦反。春官菙氏掌共燋契以待卜事。士喪禮云：楚燉置于燋，在龜東。楚燉即契所用灼龜者也。燋謂炬，其存火也。楚，荊也。然則卜用龜者，以楚燉之木燒之於燋炬之火，既然，執之以灼龜也。爇，時爇反。燋，哉約反。

[illegible]

爰契我龜曰止曰時築室于茲

○周原膴膴堇荼如飴

[illegible]

至于岐下爰及姜女聿來胥宇

○迺慰迺止。迺左迺右。叶羽已反迺疆迺理。迺宣迺畝。叶滿彼反自西徂東。周爰執事。叶上止反

賦也。慰，安。止，居也。左右，東西列之也。疆，謂畫其大界。理，謂別其條理也。宣，布散而居也。或曰導其溝洫也。畝，治其田疇也。自西徂東，自西水滸而徂東也。周，徧也。言靡事不爲也。

○乃召司空。乃召司徒。俾立室家。叶古胡反其繩則直。縮版以載。叶節力反作廟翼翼。

賦也。司空，掌營國邑。司徒，掌徒役之事。繩，所以爲直。凡營度位處，皆先以繩正之。旣正則束版而築也。縮，束也。載，上下相承也。言以索束版，投土築訖，則升下而上，以相承載也。君子將營宮室，宗廟爲先，廐庫爲次，居室爲後。翼翼，嚴正也。

○捄音俱之陾陾。耳升反度待洛反之薨薨。築之登登。削屢馮馮。扶冰反百堵丁古反皆興。鼛音皐鼓弗勝。音升

賦也。捄，盛土於器也。陾陾，衆也。度，投土於版也。薨薨，衆聲也。登登，相應聲。削屢，牆成而削治重複也。馮馮，牆堅聲。五版爲堵。興，起也。此言治宮室也。鼛鼓，長一丈二尺，以鼓役事。弗勝者，言其樂事勸功，鼓不能止也。

○迺立皐門。皐門有伉。苦浪反叶苦郎反迺立應門。

門。應門將將。七羊反 迺立冢土。戎醜攸行。叶戶郎反

賦也。傳曰。王之郭門曰臯門。伉。高貌。王之正門曰應門。將將。嚴正也。大王之時未有制度。特作二門。其名如此。及周有天下。遂尊以爲天子之門。而諸侯不得立焉。冢土。大社也。亦大王所立。而後因以爲天子之制也。戎醜。大衆也。起大事。動大衆。必有事乎社而後出。謂之宜。【音釋】大社之大音泰。宜。魚名。書曰宜于冢土。

○肆不殄厥慍。紆問反 亦不隕厥問。韻敏反 柞子洛反 棫音域 拔蒲貝反 矣。行道兌吐外反 矣。混音昆 夷駾徒對反 矣。維其喙吁貴反 矣。

賦也。肆。故今也。猶言遂也。承上起下之辭。殄。絕。慍。怒。隕。墜也。問。聞。通。謂聲譽也。柞。櫟也。枝長葉盛。叢生有刺。棫。白桵也。小木。亦叢生有刺。拔。挺拔而上。不拳曲蒙密也。兌。通也。始通道於柞棫之間也。駾。突。喙。息也。○言大王雖不能殄絕混夷之慍怒。亦不隕墜已之聲聞。蓋雖聖賢不能必人之不怒已。但不廢其自修之實耳。然大王始至此岐下之時。林木深阻。人物鮮少。至於其後生齒漸繁。歸附日衆。則木拔道通。混夷畏之。而奔突竄伏。維其喙息而已。言德盛而混夷自服也。蓋已爲文王之時矣。

○虞芮如銳反 質厥成。文王蹶居衛反 厥生。叶桑經反

門。應門將將。迺立冢土。戎醜攸行。

[illegible]

肆不殄厥慍。亦不隕厥問。

柞棫拔矣。行道兌矣。

混夷駾矣。維其喙矣。

[illegible]

虞芮質厥成。文王蹶厥生。

[illegible]

予曰有疏附。叶上聲 予曰有先後。息薦反 胡豆反。叶下五反 予曰有奔奏。與走通。叶宗五反 予曰有禦侮

賦也。虞芮。二國名。質。正。成。平也。傳曰。虞芮之君。相與爭田。久而不平。乃相與朝周。入其境。則新者讓畔。行者讓路。入其邑。男女異路。斑白不提挈。入其朝。士讓爲大夫。大夫讓爲卿。二國之君。感而相謂曰。我等小人。不可以履君子之境。乃相讓以其所爭田爲閒田而退。天下聞之而歸者四十餘國。蘇氏曰。虞在陝之平陸。芮在同之馮翊。平陸有閒原焉。則虞芮之所讓也。蹶生。未詳其義。或曰。蹶。動而疾也。生。猶起也。予。詩人自予也。率下親上曰疏附。相道前後曰先後。喻德宣譽曰奔奏。武臣折衝曰禦侮。○言昆夷既服而虞芮來質其訟之成。於是諸侯歸周者衆。而文王由此動其興起之勢。是雖其德之盛。然亦由有此四臣之助而然。故各以予曰起之。其辭繁而不殺者。所以深歎其得人之盛也

緜九章章六句

一章言在豳。二章言至岐。三章言定宅。四章言授田居民。五章言作宗廟。六章言治宮室。七章言作門社。八章言至文王而服混夷。九章遂言文王受命之事。餘說見上篇

芃芃蒲紅反棫雨逼反樸。音卜 薪之槱音酉之。濟濟子禮反辟音[illegible] 王。左右趣叶此苟反之

興也。芃芃木盛貌。樸樕叢生也。言根枝迫迮相附著也。槱積也。濟濟容貌之美也。辟君也。君王謂文王也。○此亦以詠歌文王之德。言芃芃棫樸。則薪之槱之矣。濟濟辟王。則左右趣之矣。蓋德盛而人心歸附趨向之也。

○濟濟辟王。左右奉璋。奉璋峩峩五歌反。髦士攸宜叶牛何反。

賦也。半圭曰璋。祭祀之禮。王祼以圭瓚。諸臣助之。亞祼以璋瓚。左右奉之。其判在內。亦有趣向之意。峩峩盛壯也。髦俊也。

○淠匹世反彼涇音經舟。烝徒楫音接叶籍入反之。周王于邁。六師及之。

興也。淠舟行貌。涇水名。烝衆。楫櫂。于往。邁行也。六師六軍也。○言淠彼涇舟。則舟中之人無不楫之。周王于邁。則六師之衆追而及之。蓋衆歸其德。不令而從也。

○倬陟角反彼雲漢。爲章于天叶鐵因反。周王壽考。遐不作人。

興也。倬大也。雲漢天河也。在箕斗二星之間。其長竟天。章文章也。文王九十七乃終。故言壽考。遐與何同。作人。謂變化鼓舞之也。

○追對廻反琢陟角反其章。金玉其相。勉勉我

[illegible]于天[illegible]王言[illegible]

[illegible]大[illegible]

王于[illegible]文[illegible]

言實美大

[illegible]周

[illegible]王[illegible]大[illegible]

[illegible]

王。綱紀四方。

興也。追，雕也。金曰雕，玉曰琢。相，質也。勉勉，猶言不已也。凡網罟張之爲綱，理之爲紀。○追之琢之，則所以美其文者至矣。金之玉之，則所以美其質者至矣。勉勉我王，則所以綱紀乎四方者至矣。

棫樸五章章四句

此詩前三章言文王之德爲人所歸。後二章言文王之德有以振作綱紀天下之八而人歸之。自此以下至假樂，皆不知何人所作。疑多出於周公也。

瞻彼旱麓。音鹿 榛楛音户濟濟。子禮反 豈弟君子。干祿豈弟。

興也。旱，山名。麓，山足也。榛似栗而小。楛似荆而赤。濟濟，衆多也。豈弟，樂易也。君子，指文王也。○此亦以咏歌文王之德。言旱山之麓，則榛楛濟濟然矣。豈弟君子，則其干祿也豈弟矣。干祿豈弟，言其干祿之有道。猶曰其爭也君子云爾。

○瑟所乙反彼玉瓚。才旱反 黄流在中。豈弟君子。福祿攸降。叶呼攻反

興也。瑟，縝密貌。玉瓚，圭瓚也。以圭爲柄，黄金爲勺，青金爲外，而朱其中也。黄流，鬱鬯也。釀秬黍爲酒，築鬱金煑而和之，使芬芳條鬯，以瓚酌而祼之也。攸，所。降，下也。○言瑟然之玉

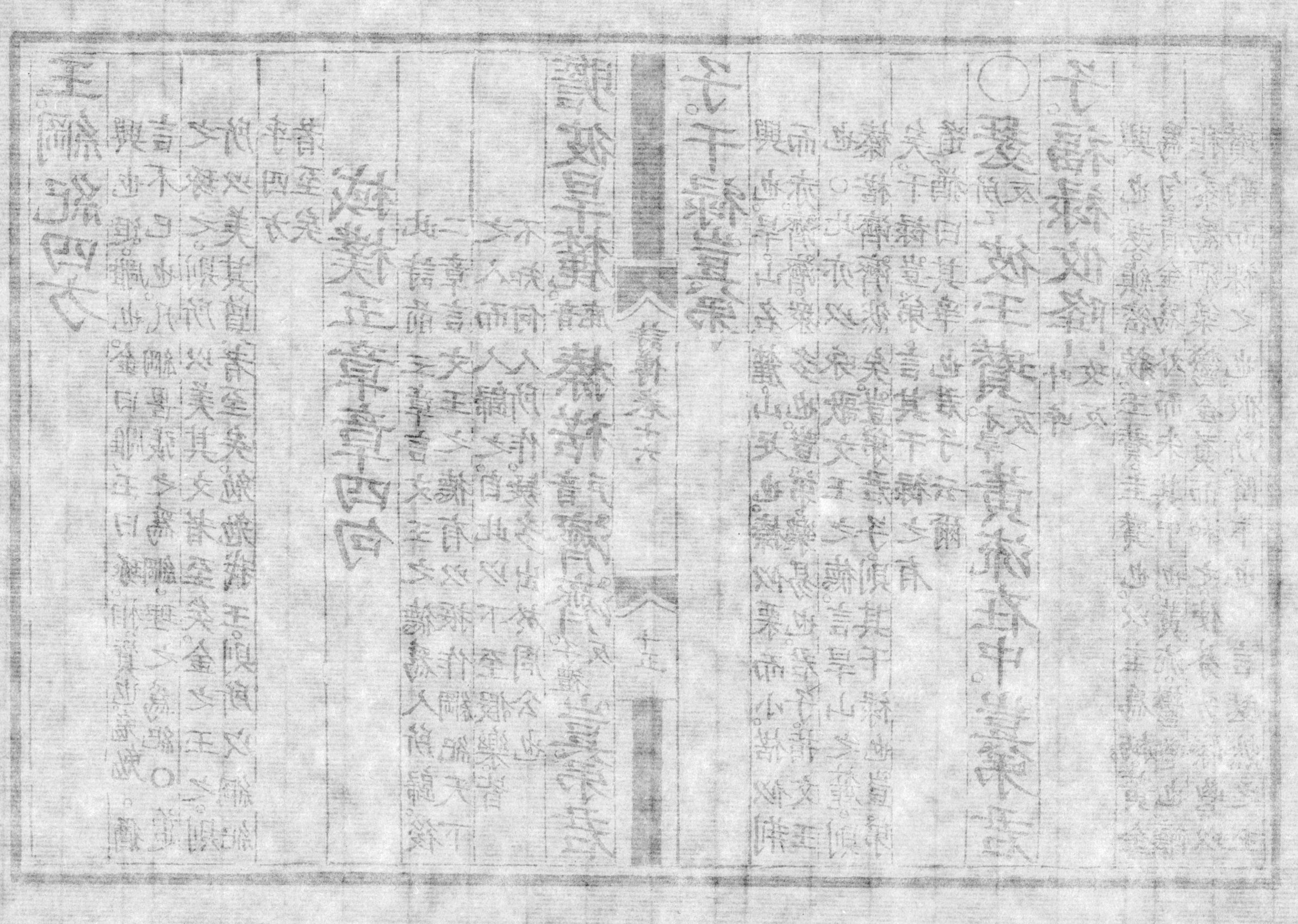

瓚。則必有黃流在其中。豈弟之君子。則必有福祿下其躬。明寶器不薦於褻味。而黃流不注於瓦缶。則知盛德必享於祿壽。而福澤不降於淫人矣

○鳶（弋專反）飛戾天（叶鐵因反）魚躍于淵（叶一均反）豈弟君子。遐不作人

興也。鳶。鴟類。戾。至也。李氏曰。抱朴子曰。鳶之在下無力。及至乎上。聳身直翅而已。蓋鳶之飛全不用力。亦如魚躍怡然自得而不知其所以然也。遐。何通。○言鳶之飛則戾于天矣。魚之躍則出于淵矣。豈弟君子。而何不作人乎。言其必作人也

○清酒既載（叶節力反）騂（息營反）牡既備（叶蒲北反）以享

以祀（叶逸織反）以介景福（叶筆力反）

賦也。載。在尊也。備。全具也。承上章言有豈弟之德。則祭必受福也

○瑟彼柞棫。民所燎（力召反）矣。豈弟君子。神所勞（力報反）矣

興也。瑟。茂密貌。燎。爨也。或曰。熂燎除其旁草。使木茂也。勞。慰撫也

音釋 熂。許氣反。芟草燒之

○莫莫葛藟（力軌反）施（以豉反）于條枚（莫回反）豈弟君子。求福不回

興也。莫莫，盛貌。回，邪也。

旱麓六章章四句

思齊（側皆反）大（音泰）任。文王之母（莫後反）。思媚（美記反）周姜。京室之婦（房九反）。大（同上）姒嗣徽音。則百斯男（叶尼心反）

賦也。思，語辭。齊，莊。媚，愛也。周姜，大王之妃大姜也。京，周也。大姒，文王之妃也。徽，美也。百男，舉成數而言其多也。○此詩亦歌文王之德，而推本言之曰：此莊敬之大任，乃文王之母，實能媚于周姜，而稱其為周室之婦。至於大姒，又能繼其美德之音，而子孫衆多。上有聖母，所以成之者遠；內有賢妃，所以助之者深也。

○惠于宗公。神罔時怨。神罔時恫（音通）。刑于寡妻。至于兄弟。以御（牙嫁反）于家邦（叶卜工反）

賦也。惠，順也。宗公，宗廟先公也。恫，痛也。刑，儀法也。寡妻，猶言寡小君也。御，迎也。○言文王順于先公，而鬼神歆之無怨恫者，其儀法內施於閨門，而至于兄弟，以御于家邦也。孔子曰：家齊而後國治。孟子曰：言舉斯心加諸彼而已。張子曰：言接神人各得其道也。

○雝雝（於容反）在宮。肅肅在廟（叶音貌）。不顯亦

臨音亦無射音亦亦保叶音鮑

賦也。雝雝，和之至也。肅肅，敬之至也。不顯，幽隱之處也。射，與斁同，厭也。保，守也。○言文王在閨門之內則極其和，在宗廟之中則極其敬。雖居幽隱亦常若有臨之者，雖無厭射亦常有所守焉。其純亦不已蓋如是

○肆戎疾不殄烈假古雅反不瑕不聞亦式不諫亦入此與下章用韻未詳

賦也。肆，故今也。戎，大也。疾，猶難也。大難，如羑里之囚及昆夷玁狁之屬也。殄，絕。烈，光。假，大。瑕，過也。此兩句與不殄厥慍不隕厥問相表裏。聞，猶前聞也。式，法也。○承上章言文王之德

如此。故其大難雖不殄絕，而光大亦無玷缺。雖事之無所前聞者而亦無不合於法度，雖無諫諍之者而亦未嘗不入於善。傳所謂性與天合是也

【音釋】難，乃旦反。羑，音酉

○肆成人有德小子有造古之人無斁音亦譽髦斯士

賦也。冠以上為成人。小子，童子也。造，為也。古之人，指文王也。譽，名。髦，俊也。○承上章言文王之德見於事者如此。故一時人材皆得其所成就，蓋由其德純而不已，故令此士皆有譽於天下而成其俊乂之美也

思齊五章二章章六句三章章四句

皇矣上帝。臨下有赫。(叶黑各反)監觀四方。求民之莫。維此二國。其政不獲。(叶胡郭反)維彼四國。爰究爰度。(待洛反)上帝耆之。憎其式廓。乃眷西顧。此維與宅。(叶達各反)

賦也。皇。大。臨。視也。赫。威明也。監。亦視也。莫。定也。二國。夏商也。不獲。謂失其道也。四國。四方之國也。究。尋。度。謀也。耆。憎式。廓。未詳其義。或曰。耆。致也。憎。當作增。式廓。猶言規模也。此。謂岐周之地也。○此詩敘大王大伯王季之德以及文王伐密伐崇之事也。此其首章先言天之臨下甚明。但求民之安定而已。彼夏商之政既不得矣。故求於四方之國。苟上帝之所欲致者。則增大其疆境之規模。於是乃眷然顧視西土。以此岐周之地與大王爲居宅也。

○作之屏之。(必領反)其菑(莊持反)其翳。(一計反)脩之平之。其灌其栵。(音例)啓之辟之。(婢亦反)其檉(丑貞反)其椐。(羌居反。叶紀庶反)攘之剔之。(它歷反)其檿(烏簟反)其柘。(章夜反。叶都故反)帝遷明德。串(古患反)夷載路。天立厥配。受命既固。

賦也。作。拔起也。屏。去之也。菑。木立死者也。翳。自斃者也。或曰。小木蒙密蔽翳者也。脩。平。皆

治之使疏密正直得宜也。灌，叢生者也。栵，行生者也。啓辟，芟除也。檉，河柳也，似楊，赤色，生河邊。椐，樻也，腫節似扶老，可爲杖者也。攘剔，謂穿剔去其繁冗，使成長也。檿，山桑也，與柘皆美材，可爲弓榦，又可蠶也。明德，謂明德之君，即大王也。串夷載路未詳。或曰：串夷，即混夷。載路，謂滿路而去，所謂混夷駾矣者也。配，賢妃也，謂大姜。○此章言大王遷於岐周之事。蓋岐周之地，本皆山林險阻無人之境，而近於昆夷。大王居之，人物漸盛，然後漸次開闢如此。乃上帝遷此明德之君，使居其地，而昆夷遠遁。天又爲之立賢妃以助之，是以受命堅固而卒成王業也。

○帝省（息井反）其山，柞棫斯拔（蒲貝反），松栢斯兌（徒外反）。帝作邦作對，自大（音泰）伯王季。維此王季，因心則友（叶羽已反）。則友其兄（叶虚王反），則篤其慶（叶祛羊反），載錫之光。受祿無喪（息喪反叶平聲），奄有四方。

賦也。拔、兌，見緜篇。此亦言其山林之間道路通也。對，猶當也。作對，言擇其可當此國者以君之也。大伯，大王之長子。王季，大王之少子也。因心，非勉強也。善兄弟曰友。兄，謂大伯也。篤，厚。載，則也。奄字之義在忽遂之間。○言帝省其山而見其木拔道通，則知民之歸之者益衆矣。於是既作之邦，又與之賢君以嗣其業。蓋自其初生大伯王季之時而已定矣。於

[illegible]

帝省其山柞棫斯拔松柏斯兌 [illegible]

帝作邦作對自大伯王季 [illegible]

維此王季因心則友則友其兄 [illegible]

則篤其慶載錫之光受祿無喪 [illegible]

奄有四方 [illegible]

[illegible]

是大伯見王季生文王。又知天命之有在。故適吳不反。大王沒而國傳於王季及文王而周道大興也。然以大伯而避王季則王季疑於不友。故又特言王季所以友其兄者乃因其心之自然而無待於勉强既受大伯之讓。則益脩其德以厚周家之慶而與其兄以讓德之光。猶曰彰其知人之明。不爲徒讓耳。其德如是。故能受天祿而不失。至于文武而奄有四方也

○維此王季。帝度（待洛反）其心。貊（武伯反）其德音。其德克明。克明克類。克長（丁丈反）克君。王（如字或于況反）此大邦。克順克比（必里反）。比（毗至反）于文王。其德靡悔（叶虎洧反）。既受帝祉（音恥）。施（以豉反）于孫子（叶獎里反）

賦也。度。能度物制義也。貊。春秋傳樂記皆作莫。謂其莫然清靜也。克明。能察是非也。克類。能分善惡也。克長。敎誨不倦也。克君。賞慶刑威也。言其賞不僭。故人以爲慶。刑不濫。故人以爲威也。順。慈和徧服也。比。上下相親也。比于。至于也。悔。遺恨也。○言上帝制王季之心。使有尺寸能度義。又淸靜其德音使無非閒之言。是以王季之德能此六者。至於文王而其德尤無遺恨。是以既受上帝之福而延及子孫也。

○帝謂文王。無然畔援（于願反）。無然歆羨。

錢面反誕先登于岸。叶魚戰反密人不恭。敢距大邦。叶卜攻反侵阮徂共。音恭王赫斯怒。叶暖五反爰整其旅。以按音遏徂旅。以篤于周祜。侯五反以對于天下。叶後五反

賦也。帝謂文王。設為天命文王之詞。如下所言也。無然。猶言不可如此也。畔。離畔也。援。攀援也。言舍此而取彼也。歆。欲之動也。羨。愛慕也。言肆情以徇物也。岸。道之極至處也。密。密須氏也。姞姓之國。在今寧州。阮。國名。在今涇州。徂。往也。共。阮國之地名。今涇州之共池是也。其旅。周師也。按。遏也。徂旅。密師之往共者也。祜。福。對。答也。○人心有所畔援。有所歆羨。則溺於人欲之流。而不能以自濟。文王無是二者。故獨能先知先覺以造道之極至。蓋天實命之。而非人力之所及也。是以密人不恭。敢違其命。而擅興師旅以侵阮而往至于共。則赫怒整兵而往遏其衆。以厚周家之福。而答天下之心。蓋亦因其可怒而怒之。初未嘗有所畔援歆羨也。此文王征伐之始也。

○依其在京。叶居良反侵自阮疆。陟我高岡。無矢我陵。我陵我阿。無飲我泉。我泉我池。叶徒何反度待洛反其鮮息淺反原。居岐之陽。在渭之將。萬邦之方。下民之王。

賦也。依，安貌。京，周京也。矢，陳。鮮，善。將，側。方，鄉也。○言文王安然在周之京。而所整之兵既過密人。遂從阮疆而出以侵密。所陟之岡即爲我岡。而人無敢陳兵於陵。飲水於泉以拒我也。於是相其高原而徙都焉。所謂程邑也。其地於漢爲扶風安陵。今在京兆府咸陽縣。

○帝謂文王。予懷明德。不大聲以色。不長(丁丈反)夏以革。不識不知。順帝之則。帝謂文王。詢爾仇方。同爾兄弟。以爾鉤援。(音爰)與爾臨衝。以伐崇墉。

賦也。予，設爲上帝之自稱也。懷，眷念也。明德，文王之明德也。以，猶與也。夏革，未詳。則，法也。

仇方，讎國也。兄弟，與國也。鉤援，鉤梯也。所以鉤引上城。所謂雲梯者也。臨，臨車也。在上臨下者也。衝，衝車也。從旁衝突者也。皆攻城之具也。崇，國名。在今京兆府鄠縣。墉，城也。史記崇侯虎譖西伯於紂。紂囚西伯於羑里。西伯之臣閎夭之徒。求美女奇物善馬以獻紂。紂乃赦西伯。賜之弓矢鈇鉞。得專征伐。曰譖西伯者崇侯虎也。西伯歸三年。伐崇侯虎而作豐邑。○言上帝眷念文王。而言其德之深微。不暴著其形迹。又能不作聰明以循天理。故又命之以伐崇也。呂氏曰。此言文王德不形而功無迹。與天同體而已。雖興兵以伐崇。莫非順帝之則而非我也。

○臨衝閑閑。(叶胡員反)崇墉言言。執訊(音信)連

連。攸馘〈古獲反〉安安〈叶於有反〉。是類是禡〈馬嫁反叶滿補反〉。是致是附〈叶上聲〉。四方以無侮。臨衝茀茀〈音弗〉〈叶分聿反〉。崇墉仡仡〈魚乞反〉。是伐是肆。是絕是忽。〈叶虛屈反〉四方以無拂〈叶分聿反〉

賦也。閑閑。徐緩也。言言。高大也。連連。屬續狀。馘。割耳也。軍法獲者不服則殺而獻其左耳。安安。不輕暴也。類。將出師祭上帝也。禡。至所征之地而祭始造軍法者。謂黃帝及蚩尤也。致。致其至也。附。使之來附也。茀茀。强盛貌。仡仡。堅壯貌。肆。縱兵也。忽。滅。拂。戾也。春秋傳曰。文王伐崇。三旬不降。退脩教而復伐之。因壘而降。○言文王伐崇之初。緩攻徐戰。告祀羣神。以致附來者。而四方無不畏服。及終不服。則縱兵以滅之。而四方無不順從也。夫始攻之緩。戰之徐也。非力不足也。非示之弱也。將以致附而全之也。及其終不下而肆之也。則天誅不可以留。而罪人不可以不得故也。此所謂文王之師也。

皇矣八章章十二句

一章二章言天命大王。三章四章言天命王季。五章六章言天命文王伐密。七章八章言天命文王伐崇

經始靈臺〈叶田飴反〉。經之營之。庶民攻之。不日成之。經始勿亟〈居力反〉。庶民子來〈叶六直反〉

賦也。經，度也。靈臺，文王所作。謂之靈者，言其倏然而成，如神靈之所為也。營，表。攻，作也。不日，不終日也。亟，急也。○國之有臺，所以望氛祲，察災祥，時觀游，節勞佚也。文王之臺，方其經度營表之際，而庶民已來作之，所以不終日而成也。雖文王心恐煩民，戒令勿亟，而民心樂之，如子趣父事，不召自來也。孟子曰：文王以民力為臺為沼，而民歡樂之，謂其臺曰靈臺，謂其沼曰靈沼。此之謂也。【音釋】度，徒洛反。祲，子鴆反。令，呂貞反。樂，音洛。

○王在靈囿，叶音郁。麀音憂鹿攸伏。麀鹿濯濯，直角反。白鳥翯翯。戶角反。王在靈沼，叶音灼。於音烏牣音刃魚躍。

賦也。靈囿，臺之下有囿，所以域養禽獸也。麀，牝鹿也。伏，言安其所處，不驚擾也。濯濯，肥澤貌。翯翯，潔白貌。靈沼，囿之中有沼也。牣，滿也。魚滿而躍，言多而得其所也。

○虡音巨業維樅，七凶反。賁扶云反鼓維鏞。音庸。於論盧門反鼓鐘，於樂音洛辟音璧廱。

賦也。虡，植木以懸鐘磬，其橫者曰栒。業，栒上大版，刻之捷業如鋸齒者也。樅，業上懸鐘磬處，以綵色為崇牙，其狀樅樅然者也。賁，大鼓也，長八尺，鼓四尺，中圍加三之一。鏞，大鐘也。論，倫也，言得其倫理也。辟，璧通。廱，澤也。辟廱，天子之學，大射行禮之處也。水旋丘如璧，以節觀者，故曰辟廱。【音釋】韗人注：鼓四尺者，謂鼓面革所蒙者廣四尺也。中圍，加三之一。

者謂將中央圍加於面之圍三分之一也。面四尺。其圍十二尺。加以三分一爲四尺。緫十六尺。徑五尺三寸三分寸之一也。韗音運

○於論鼓鐘。於樂辟廱。鼉徒河反鼓逢逢。薄紅反矇音蒙瞍音叟奏公。

賦也。鼉似蜥蜴。長丈餘。皮可冒鼓。逢逢。和也。有眸子而無見曰矇。無眸子曰瞍。古者樂師皆以瞽者爲之。以其善聽而審於音也。公。事也。聞鼉鼓之聲而知矇瞍方奏其事也。

靈臺四章。二章章六句。二章章四句。

東萊呂氏曰。前二章樂文王有臺池鳥獸之樂也。後二章樂文王有鐘鼓之樂也。皆述民樂之詞也。

下武維周。世有哲王。三后在天。王配于京。叶居良反

賦也。下義未詳。或曰。字當作文。言文王武王實造周也。哲王。通言大王王季也。三后。大王王季文王也。在天。既沒而其精神上與天合也。王。武王也。配。對也。謂繼其位以對三后也。京。鎬京也。○此章美武王能纘大王王季文王之緒而有天下也

○王配于京。世德作求。永言配命。成

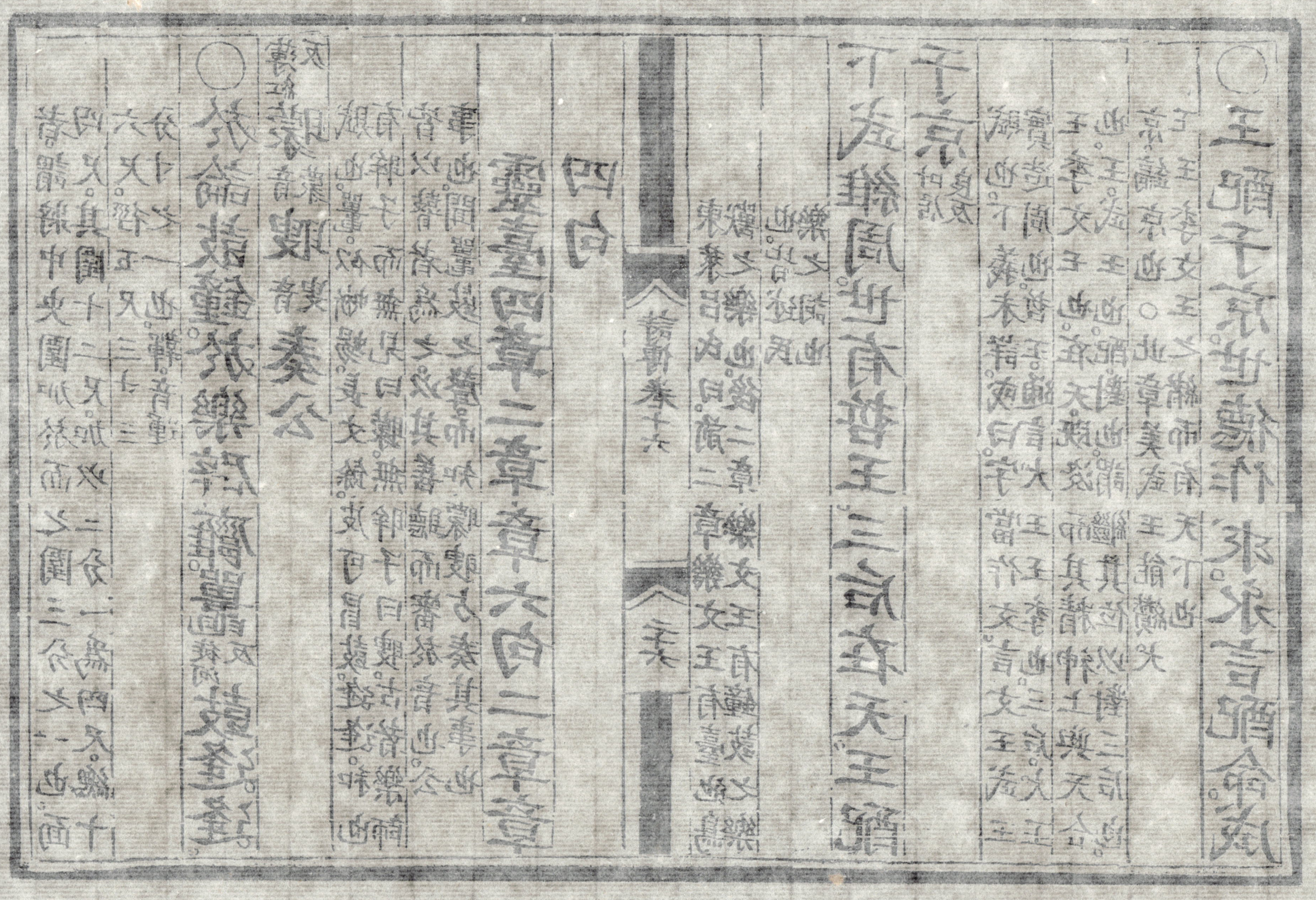

王之孚叶孚尤反
賦也。言武王能繼先王之德。而長言合於天理。故能成王者之信於天下也。若暫合而遽離。暫得而遽失。則不足以成其信矣

○成王之孚。下土之式。永言孝思。孝思維則

賦也。式。則。皆法也。○言武王所以能成王者之信。而爲四方之法者。以其長言孝思而不忘。是以其孝可爲法耳。若有時而忘之。則其孝者僞耳。何足法哉

○媚茲一人。應侯順德。永言孝思。昭哉嗣服叶蒲北反

賦也。媚。愛也。一人。謂武王。應。如丕應徯志之應。侯。維。服。事也。○言天下之人皆愛戴武王以爲天子。而所以應之維以順德。是武王能長言孝思。而明哉其嗣先王之事也

○昭茲來許。繩其祖武。於萬斯年。受天之祜侯古反

賦也。昭茲。承上句而言。茲哉聲相近。古蓋通用也。來。後世也。許。猶所也。繩。繼。武。迹也。○言武王之道昭明如此。來世能繼其迹。則久荷天祿而不替矣

○受天之祜。四方來賀。於萬斯年。不

[illegible]

遐有佐

賦也。賀。朝賀也。周末秦強。天子致胙。諸侯皆賀。遐何通。佐。助也。蓋曰。豈不有助乎云爾

下武六章章四句

或疑此詩有成王字。當為康王以後之詩。然考尋文意。恐當只如舊說。且其文體亦與上下篇血脉通貫。非有誤也

文王有聲。遹（尹橘反）駿（音峻）有聲。遹求厥寧。遹觀厥成。文王烝哉

賦也。遹。義未詳。疑與聿同。發語詞。駿。大。烝。君也。○此詩言文王遷豐。武王遷鎬之事。而首章推本之曰。文王之有聲也。甚大乎其有聲也。蓋以求天下之安寧。而觀其成功耳。文王之德如是。信乎其克君也哉

○文王受命。有此武功。既伐于崇。作邑于豐。文王烝哉

賦也。伐崇事見皇矣篇。作邑。徙都也。豐。即崇國之地。在今鄠縣杜陵西南。【音釋】鄠。音戶

○築城伊淢（況域反）。作豐伊匹。匪棘（居力反）其欲（禮記作猶）。遹追來孝（叶許六反。或呼侯反）。王后烝哉

賦也。淢。城溝也。方十里為成。成間有溝。深廣各八尺。匹。稱。棘。急也。王后。亦指文王也。○言

遐有佐

下武六章章四句

文王有聲。遹駿有聲。遹求厥寧。遹觀厥成。文王烝哉。

文王受命。有此武功。既伐于崇。作邑于豐。文王烝哉。

築城伊淢。作豐伊匹。匪棘其欲。遹追來孝。王后烝哉。

文王營豐邑之城。因舊溝爲限而築之。其作邑居。亦稱其城而不侈大。皆非急己之所欲也。特追先人之志而來致其孝耳【音釋】淢與洫同。稱昌孕反

○王公伊濯。（直角反）維豐之垣。（音袁）四方攸同。王后維翰。（叶胡田反）王后烝哉

賦也。公，功也。濯，著明也。○王之功所以著明者。以其能築此豐之垣故爾。四方於是來歸而以文王爲楨榦也

○豐水東注。維禹之績。四方攸同。皇王維辟。皇王烝哉

賦也。豐水東北流。經豐邑之東。入渭而注于河。績。功也。皇王。有天下之號。指武王也。辟。君也。○言豐水東注。由禹之功。故四方得以來同於此。而以武王爲君。此武王未作鎬京時也

○鎬京辟廱。自西自東。自南自北。無思不服。（叶蒲北反）皇王烝哉

賦也。鎬京。武王所營也。在豐水東。去豐邑二十五里。張子曰。周家自后稷居邰。公劉居豳。大王邑岐。而文王則遷于豐。至武王又居于鎬。當是時。民之歸者日衆。其地有不能容。不得不遷也。辟廱說見前篇。張子曰。靈臺辟廱。文王之學也。鎬京辟廱。武王之學也。至此始

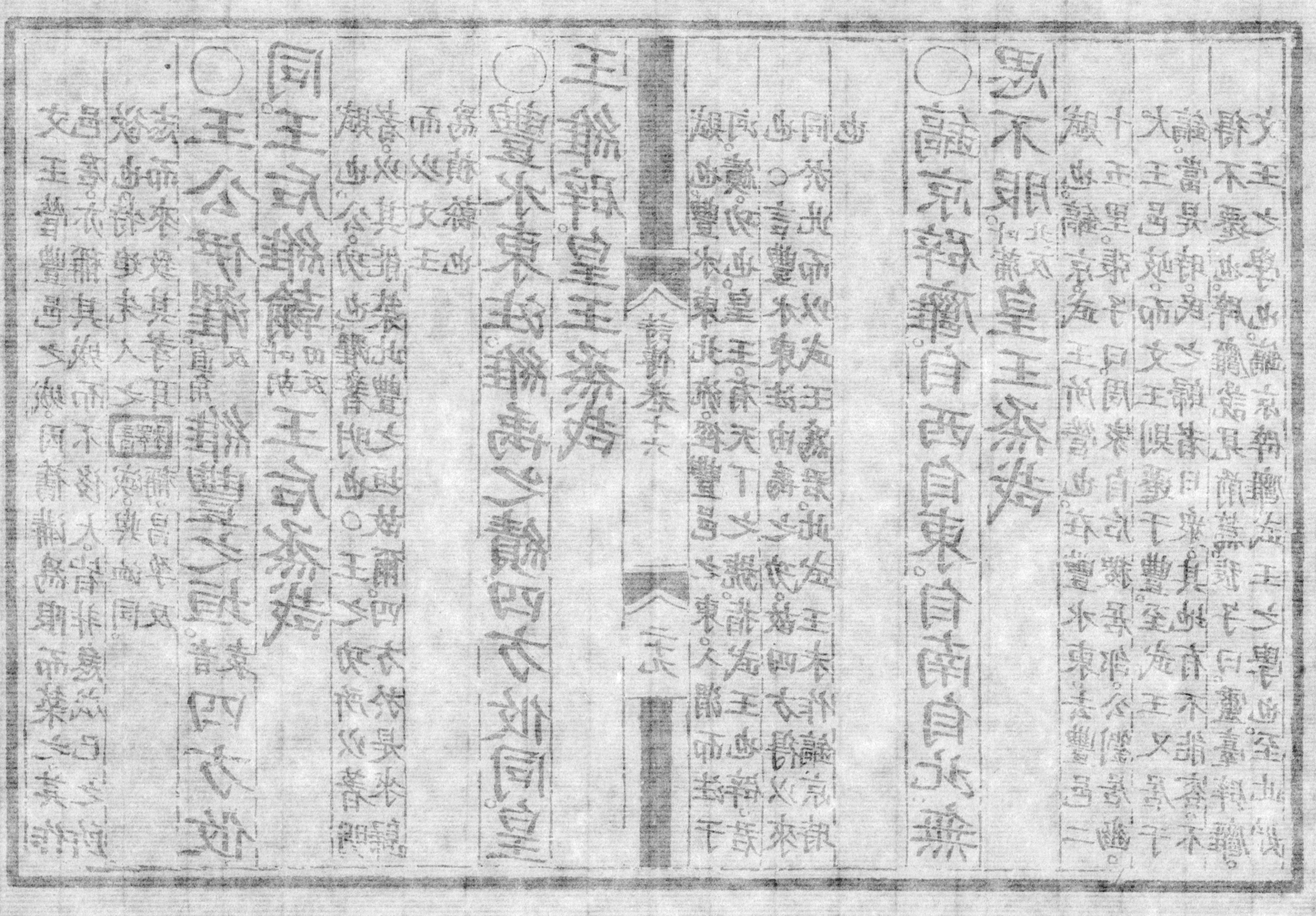

為天子之學矣。無思不服。心服也。孟子曰。天下不心服而王者。未之有也。○此言武王徙居鎬京。講學行禮。而天下自服也。[音釋]邰。湯來反。而下之王。于況反。

○考卜維王。宅是鎬京。叶居良反維龜正之。叶諸盈反武王成之。武王烝哉。

賦也。考。稽。宅。居。正。決也。成之。作邑居也。張子曰。此舉諡者。追述其事之言也。

○豐水有芑。音起武王豈不仕。叶鉏里反詒厥孫謀。以燕翼子。叶奬里反武王烝哉。

興也。芑。草名。仕。事。詒。遺。燕。安。翼。敬也。子。成王也。○鎬京猶在豐水下流。故取以起興。言豐水猶有芑。武王豈無所事乎。詒厥孫謀。以燕翼子。則武王之事也。謀及其孫。則子可以無事矣。或曰。賦也。言豐水之傍。生物繁茂。武王豈不欲有事於此哉。但以欲遺孫謀。以安翼子。故不得不遷耳。[音釋]遺。于季反。

文王有聲八章。章五句。

此詩以武功稱文王。至于武王。則言皇王維辟。無思不服而已。蓋文王既造其始。則武王續而終之無難也。又以見文王之文。非不足於武。而武王之有天下。非以力取之也。

文王之什十篇。六十六章。四

百一十四句

鄭譜此以上爲文武時詩以下爲成王周公時詩今按文王首句即云文王在上則非文王之詩矣又曰無念爾祖則非武王之詩矣大明有聲并言文武者非一安得爲文武之時所作乎蓋正雅皆成王周公以後之詩但此什皆爲追述文武之德故譜因此而誤耳

詩卷之十六